Elogios para *Volviendo del Quebranto*

Volviendo del Quebranto es. . . ¡increíble! Es un relato desgarrador del recorrido de una valiente mujer. Estoy agradecida de haberlo leído y estoy ansiosa por compartirlo con otros. ¡Muchas felicitaciones a JoAnn Marie por estar dispuesta a compartir tan honestamente sus experiencias de vida con todos nosotros, y por dar una esperanza tan gloriosa de un mejor futuro!

Michelle Small
Miembro de Colson

Volviendo del Quebranto es conmovedor y a la vez inspirador de esperanza. Expone las trágicas consecuencias del abuso sexual, pero también proporciona una guía práctica y llena de esperanza para la recuperación a largo plazo de la salud personal e incluso el florecimiento. Este libro será valioso para las víctimas del abuso sexual y para otras personas que deseen comprender y ayudar mejor a quienes han experimentado ese trauma. La escritura de JoAnn Marie es clara, concisa, interesante, honesta, compasiva y sabia. Ella ha manejado un tema extremadamente difícil con un equilibrio apropiado de franqueza y discreción. Que Dios use este libro ampliamente para traer una bendición inmensa a numerosas personas.

Vance Christie
Pastor y autor

Como alguien que ha aconsejado a cientos de adolescentes a lo largo de los años, he escuchado la historia de JoAnn numerosas veces. Lo particular es su enfoque sensible y diferente para sanar las heridas del abuso. Ella establece un camino para liberar las ataduras de la esclavitud de la que muchos son víctimas después de que el abuso ha desaparecido. Yo aprecio la sinceridad de su mensaje y del hablar con la verdad de que ultimadamente la victoria proviene del perdón y de asumir la responsabilidad de las propias decisiones. Yo recomiendo altamente este libro no solo a las víctimas de abuso para encontrar un camino hacia la victoria, sino a cualquier persona que quiera comprender y apoyar a las víctimas de abuso.

Chris Small
Miembro de Colson

Como profesional de la salud mental, yo escucho los relatos de las víctimas de abuso sexual. También escucho a las víctimas cómo se sienten abandonados por Dios y cuestionan la fe diciendo "un Dios amoroso nunca habría permitido que esto (el abuso) sucediera". Este libro también ayuda a las víctimas a integrar la fe en Dios para que vean *que pueden* hacer que la vida valga la pena. Una historia estupendamente elaborada de esperanza, de fe y de opciones.

Theresa Arnett Nickolaus

VOLVIENDO

DEL

QUEBRANTO

Un camino de sanación de víctima a vencedora

JoAnn Marie

MEDIA.COM

Publicado por

Illumify Media Global

www.IllumifyMedia.com

"¡Vamos a darle vida a tu libro!"

Número de control de la Biblioteca del Congreso: 2022914741

Rústica ISBN: 978-1-959099-78-9

Diseño de portada por Debbie Lewis

Foto del autor por fairy's fotography, noviembre de 2020

Impreso en los Estados Unidos de América

Dedicatoria

Para Ann Heiden, tú lo sabías todo y me amaste mucho.

Nunca me dejaste olvidar que mi Dios amoroso está en control.

Contenido

Agradecimientos

A Mis hijos, mi mayor alegría. Ustedes sufrieron bajo mi quebranto, pero vencieron para ser padres y esposos piadosos. Gracias por perdonarme y amarme. Estoy muy orgullosa de ustedes y los amo profundamente.

A Mi yerno y a mi nuera, gracias por amar a mis hijos y estar a nuestro lado en nuestros momentos difíciles. Ojalá que encuentren algo en mi historia que los anime a caminar por su propia fe.

A Mis nietos, los amo y estoy orgullosa de ustedes. Yo siempre estoy aquí para ustedes, especialmente en mis oraciones. Recuerden nuestros años de Awana y continúen creciendo en la fe y en el conocimiento de Dios.

En memoria de Jack (John) Hinze, ND, mi querido mentor y médico, quien me mantuvo viva el tiempo suficiente para sanar el dolor y lo suficientemente fuerte como para resistir todos los momentos difíciles de la vida que han continuado Te extraño.

A Michael Sutton, ND, y Jeff Muilenburg, MD, por el cuidado físico y el apoyo emocional. Tengo la bendición de tenerlos en mi equipo médico.

Dr. Russ Rapier, John Heiden, Dr. Bob Larson, Dra. Lisa Pattison, mis psicólogos y consejeros, cuya dirección dirigió y apoyó mi camino de sanación durante cuarenta años a través de varios traumas mayores.

A la Dra. Tanya Elgin, gracias por enseñarme sobre la terapia de Desensibilización y Reprocesamiento por Movimientos Oculares (DRMO) para ayudarme a dejar atrás parte de mi trauma. Espero que mi recuperación sea un aliento para otros.

A los Pastores Vance Christie y Dan Starcevich, cuya autoría está en una clase mucho más alta que la mía. Aun así, ustedes siempre tomaron mis llamadas, me aconsejaron amablemente y oraron con conocimientos. Es un honor contar con su apoyo.

A mis Agentes de Reserva Ann, Anne, Fairy, Jenn, Marlene, y Chris y Michelle. Ustedes oraron durante el proceso con sabiduría divina y amor y me recordaron que Satanás no quiere que esta historia se cuente, sin embargo el contarla es mi importante ministerio. Ojalá que todos nos regocijemos en ver a las personas en el cielo que confiaron en Jesús para sanarles.

A mi amiga Barb Hoff, que volvió a entrar en mi vida en un momento como este para ayudarme a escribir para los quebrantados, y a mi asesora literaria, Karen Bouchard, por enseñarme a escribir profesionalmente.

A Sully Grim, a Sammy Fox, y a Jeanette Marcy, por darle vida a la traducción al español. Ha sido un honor contar con su apoyo para hacer posible que este ministerio sea trasmitido.

A Todos en Illumify Media Global. Le agradezco a Dios que Marlene Bagnull nos presentó en la Conferencia de Escritores Rocky Mountain. Ustedes son una compañía tremenda con la que trabajo en mi primer esfuerzo editorial. Sus cuidados, la dirección profesional y la cosmovisión cristiana le dieron vida a mi ministerio de libros. Gracias.

A Mi hermano y a mi hermana, los amo y estoy orgullosa de ustedes. Les agradezco su amistad y su cariñoso apoyo. Ustedes también sufrieron. Yo necesitaba decir la verdad, y lo siento si los ha lastimado.

En memoria de mis padres. Ustedes me enseñaron muchas lecciones importantes. Se aseguraron de que aprendiera acerca de Dios, y Él me ayudó a superar las cosas dañadas. Me dieron el ejemplo de considerar a todas las personas valiosas y de ayudar a los demás siempre que pueda. Estoy agradecida de que nuestros últimos años hayan sido de reconciliación y de admiración.

A Timmy, te veré en el cielo.

Para todos los demás que no nombré, todos mis amigos y familiares, pasados y presentes, que han pasado por mi vida y han dejado amor y lecciones atrás. Yo obtuve información importante en mi camino para sanar por cada uno de ustedes.

Prefacio

El solo decir la palabra incesto es horrible. Es una palabra malvada que evoca imágenes de adultos brutales lastimando a niños inocentes. Y así es como sucede a menudo. Pero cuando mi amiga, JoAnn Marie, me pidió consejo sobre cómo escribir su historia, yo no tenía idea de las muchas otras caras del abuso sexual infantil. El abusador puede actuar con bondad y amor, y después dar un giro, y restringir y herir. El abuso ni tiene que ocurrir en un lugar oscuro que se esconda de la vista. Puede suceder conduciendo por la carretera durante las vacaciones familiares. El niño puede tener cualquier edad, pero experimenta la misma confusión y vergüenza. Y eso los seguirá el resto de sus vidas.

La historia de JoAnn revela muchos de los detalles del abuso sexual infantil, incluidos los métodos de preparación. Aunque su abuso ocurrió hace cincuenta años, la relevancia de esta historia es arrancada de los titulares de hoy. La educación sexual integral, la confusión de identidad de género, el aborto electivo y el tráfico de personas son parte del dolor y la confusión revelados en su historia.

Sin embargo, su historia no se detiene en exponer el quebrantamiento del abuso sexual. No se siente vergüenza cuando ella habla de toda una vida de consejería profesional que buscó para hacerle frente a las consecuencias del abuso. Hay un claro testimonio de fortaleza, de sanación y de guía que le brindó su fe cristiana. Sin embargo, no hay presión para seguir su camino. JoAnn Marie te anima repetidamente a hacer el trabajo duro para encontrar tu propio camino hacia la sanación y la victoria. Hay esperanza en esta historia. Considero que este libro es un recurso importante para mi trabajo en el ministerio de mujeres en las prisiones y en otras que han sufrido abuso sexual. Espero que encuentres la misma sensación de esperanza y de la sanación que ha experimentado mi amiga.

Bárbara A. Hoff

Profesora de Inglés de Preparatoria

Introducción

Pueda que te sientas ofendido por las cosas que escribo. Pueda que me encuentres dura, que pienses que hablo demasiado de temas privados, que revelo demasiados detalles repulsivos sobre mi historia. No me disculpo. Creo que el incesto y el abuso sexual merecen que se hable abiertamente de ellos. Hacer menos simplemente aumenta la vergüenza, el disgusto, la tristeza, el rechazo y el abandono que acompañan al abuso sexual. El abuso sexual es un tema difícil de conversar porque es un tema repugnante, vil, perturbado y reprensible. El abuso empeora si se mantiene en secreto o se habla de él en términos leves y benignos.

Por lo tanto, lo que leerás en los siguientes capítulos incluye temas de tortura y de terror. He incluido estos detalles para proveer información sobre las personas involucradas en mi abuso para ayudarte a entender que, por sus propios quebrantos, me quebrantaron a mí.

Leerás hechos de los comportamientos y las conversaciones que ocurrieron entre nosotros tal como los recuerdo. Estas son mis historias y recuerdos. A propósito, he evitado identificar personas y lugares para proteger a los demás.

Quiero que veas ejemplos en mi vida que pueden ser iguales o similares a tus experiencias, ya sea por incesto, abuso sexual infantil, violación, prostitución o tráfico de personas. Quiero que sepas que me importa lo que te pasó, de lo contrario nunca hubiera abierto mi vida para escribir este libro. Me costó mucho emocionalmente recordar esos años. Pero estaba dispuesta a sacrificar mi vida por la tuya, si eso te ayudará a enfrentar tu pasado y a trabajar para sanar. Desde luego que, yo no siempre lidié perfecta o justamente con los pasos de mi camino. Eso, de nuevo, debería ser una motivación para ti. Nadie es perfecto, y ningún camino es el camino perfecto para sanar.

También leerás que mi fe en Jesucristo es la razón principal por la que he sobrevivido y prosperado durante seis décadas después de quince años de abuso sexual infantil. Debido a que creo que la fe cristiana es la respuesta más completa para sanar el trauma y el dolor, he incluido información al final de cada capítulo para que obtengas los recursos cristianos. Yo elegí versículos de la Biblia para reforzar las lecciones que aprendí en mi sufrimiento. Debido a que la música puede llegar a lugares donde las palabras no pueden, escogí dos canciones para ofrecerte consuelo y aliento.

Mi esperanza es que leas el capítulo de mi historia y luego el versículo de la Biblia. Siéntate por unos minutos y concéntrate en cualquier conexión que mi experiencia tenga con la tuya. Usa el versículo de la Biblia para llevarte al pasaje completo y lee lo que Dios dice.

Tal vez a medida que descubras cuán relevantes son las escrituras de la Biblia para nuestros tiempos modernos, tú aprovecharás el poder y la sabiduría disponibles a través de una relación personal con el Dios del universo. Hay una guía dentro sobre cómo iniciar esa relación. Y si no, no has perdido nada y has ganado algo de conocimiento y sabiduría.

Después del versículo bíblico se enumeran los títulos de las canciones de los artistas que me gustan. Hay muchos géneros de música cristiana. Si no te interesan los que yo elegí, busca otros. Busca los títulos de las canciones en la internet; usa música de YouTube. Elige un video musical que incluya la letra para que puedas leer los mensajes alentadores y amorosos de Dios y acerca de Dios. Estos te fortalecerán, calmarán tu mente y, si eres como yo, traerán lágrimas de gratitud por las formas milagrosas en que el Único Dios Verdadero puede obrar para ayudarte a sanar y a perdonar.

Este libro representa toda una vida de crecimiento espiritual, décadas de orientación y comprensión por parte de consejeros profesionales y, lo más importante, las admisiones honestas de mis heridas y mis pecados. Es un trabajo duro sanar, pero soy la prueba de que es posible y vale la pena el tiempo y el esfuerzo.

Yo oro para que encuentres el coraje para comenzar tu camino hacia la salud y la sanación. Que Dios te bendiga a medida que avanzas.

JoAnn Marie

No es nuestra confianza la que nos mantiene, sino el Dios en Quien confiamos Quien nos guarda.

—OSWALD CHAMBERS

Prólogo: Un Punzante Dolor de Estómago

La oscuridad no me molesta tanto como las telarañas. Mientras estoy escondida con los frascos de conservas en el estante del sótano, siento que las telarañas se me pegan en el cabello. Sé que no debo estirar la mano y jalarlas porque la araña de patas largas se molestará y vendrá arrastrándose. Tengo mucha práctica en quedarme quieta cuando me suceden cosas malas. En mi mente de seis años, espero que, si no respondo a lo que me están haciendo, la persona dejará de hacer lo que está haciendo. No me gusta la situación, pero no puedo evitar que mi cuerpo responda físicamente a las caricias, y eso me enoja mucho. No me gusta lo que me están haciendo. De hecho, lo odio y mi cuerpo reacciona con un punzante dolor de estómago.

El dolor se siente como cuando mis pies descalzos pisan la planta de mozotes de Texas. Nadie lo creería, pero así es como duele.

El punzante dolor de estómago me lleva a este lugar frío y oscuro. Encuentro más refugio en nuestro sótano que en nuestra casa.

Yo vengo aquí a quedarme quieta y a esperar a que el dolor de estómago desaparezca. Vengo aquí para escapar de lo que pasa arriba. Yo vengo aquí otra vez, a orar.

"Querido Dios, por favor, envía a alguien para que me lleve. Sé limpiar y cocinar. Puedo cuidar niños. Yo haré lo que quieran si me dejan vivir con ellos. Por favor, Dios. Yo sé que tú puedes parar eso. Por favor, páralo ya. Amén"

Yo trato de mantener en secreto los punzantes dolores de estómago. El día en que me dolió en la escuela, mi maestra me obligó a quedarme en el recreo hasta que mi mamá viniera para llevarme al médico. Me tiré al suelo del aula sosteniéndome el estómago y oré de nuevo. Yo pensé que tal vez el médico entendería por qué tenía el dolor y encontraría a alguien que me llevaría a su casa a vivir con ellos.

Pero el médico no encontró nada malo. "Llévala a casa y dale unas ciruelas pasas. Probablemente sea estreñimiento. Ella va a estar bien por la mañana".

No, no lo estaré, quería gritar, no si él viene en la noche otra vez.

Los dolores punzantes de estómago siguen a las noches de dolor y de vergüenza. Toda mi vida se ve afectada por el abuso. ¿Por qué los adultos no reconocen mi problema? ¿Por qué no se lo digo a alguien? ¿Por qué Dios no responde a mis oraciones de rescate?

Leer y Meditar

¡Ten misericordia de mí, oh Dios, ten misericordia! En ti busco protección. Me esconderé bajo la sombra de tus alas hasta que haya pasado el peligro. ² Clamo al Dios Altísimo, a Dios, quien cumplirá su propósito para mí.

(Salmo) 57:1-2 NTV

Escuchar

"I've Never Been Out of His Care" (Nunca he Estado Fuera de su Cuidado) por Joni Erickson Tada

"He Will Hold Me Fast" (Él me Sostendrá) por Keith & Kristyn Getty

La madre es el nombre de Dios en los labios y los corazones de los niños pequeños.

—William Makepeace Thackeray

CAPÍTULO 1

La Nombraron Nellie

Los padres quebrantados abusan de sus hijos. Por esa razón, comenzaré con la historia de Nakleh (pronunciado NUCK-lee), mi madre.

Nakleh se deslizó dentro de su pequeña choza, la puerta de madera delgada se balanceaba sobre las silenciosas bisagras de cuero. Ella caminó a través del piso de tierra, tratando de no despertar a su mamá y a su hermana menor. Ella sabía la distancia que había entre su alfombra de dormir hecha de pelo de cabra, hasta la entrada. Ella se movió silenciosamente alrededor del poste de en medio, que sostenía el techo de paja, el cual a menudo era una herramienta de tortura. El techo estaba cubierto de estiércol de vaca, un repelente para los insectos, el cuál ella recogía de los campos cercanos. Los trozos húmedos de estiércol se usaban para mortero, los trozos secos se usaban como combustible para cocinar con fuego.

Su pequeña aldea libanesa tenía en el centro de la ciudad un horno comunitario, hecho de barro en forma de iglú, y estaba disponible para hornear pan en orden de posición social. Las mujeres abandonadas iban al último, ya cuando las brasas se habían enfriado, resultando en una menos calidad del pan. El pueblo no tenía electricidad, baños ni agua corriente. Todos los días, Nakleh caminaba una milla hasta el río para sacar un galón de agua en una jarra de barro que cargaba hasta su casa sobre su cabeza. Este abuso en lo que se formaban sus huesos fue la causa de una fractura en la columna vertebral unos años después. Entonces ella pasó sus últimos años con neuropatía en todo el cuerpo, resultando en la pérdida de la función de sus brazos, sus piernas y su vejiga, una vida similar a la de un cuadripléjico.

El abuso no solo fue a manos de su madre. Al comienzo de su vida, en 1933, ella había sido sometida a una tortura cruel infligida a los bebés para determinar si eran buenos o malos.

Un bebé desnudo, de menos de seis meses de edad, se le era presentado al líder espiritual de la aldea. Él colocaba al niño boca abajo sobre una tabla, exponiendo su pequeña espalda a un filoso cuchillo. Marcaba la espalda del niño con cortes profundos desde el hombro hasta la cintura, haciendo que su sangre fluyera por todos lados. Se creía que cualquier espíritu maligno que residiera en el niño saldría de la sangre.

Luego, acostaba al bebé boca arriba en un barril de sal molida para detener el sangrado de las heridas recién infligidas. Si el bebé sobrevivía a esa tortura, se consideraba que era lo suficientemente bueno para vivir. Si sucumbían al trauma, eran considerados malvados, y era mejor para la aldea que se murieran.

Mi madre cargó esas cicatrices en la espalda su vida entera.

¿Qué cicatrices habría tenido en su mente?

Tres mujeres abandonadas, mi abuela, mi madre y su hermana vivieron en una cultura donde las mujeres no tenían valor sin un esposo. El padre de Nakleh sirvió en el ejército francés en la Segunda Guerra Mundial como aliado de los Estados Unidos. A los soldados aliados se les concedió la inmigración legal a los Estados Unidos y se les ofreció la ciudadanía legal para sus hijos, con la condición de que los niños llegaran antes de cumplir quince años. Al final de su servicio militar, él regresó a casa con el tiempo suficiente para embarazar a su esposa, y luego se fue para los Estados Unidos, dejando atrás a su hija de dos años y a un bebé por nacer.

Mi abuela era mala, envidiosa y practicaba brujería, e intercambiaba hechizos malignos con otra bruja de la aldea. Este comportamiento sirvió para marginalizar a la familia aún más, así como para invitar a más actividad demoníaca a una casa pequeña y llena de maldad.

El rechazo de su esposo dejó a mi abuela enojada, y ella desquitó esa ira con sus dos hijas pequeñas. Sus métodos de disciplina incluían amarrarlas en el poste de enmedio de la choza por horas mientras ella andaba fuera de la casa; les ponía chiles picantes en sus jóvenes vaginas; les quitaba la poca comida que había disponible; y las mandaba solas afuera a que recibieran insultos y burlas de la gente del pueblo.

Hasta que finalmente, las vendió en matrimonio. A los catorce años, mi madre fue vendida a un hombre de treinta y dos años que quería emigrar con ella a los Estados Unidos. Él quería usar la ciudadanía que se le prometió para mudarse a Texas y así enriquecerse criando ganado. El matrimonio tomó lugar en un pueblo vecino. Una foto tomada ese día muestra a un grupo de adultos serios y rígidos, todos hombres, algunos vestidos como sacerdotes ortodoxos sirios, y mi mamá en el centro de enfrente, usando un vestido oscuro, y con la cabeza agachada y la cara dura.

Poco después del servicio matrimonial, mamá corrió hacia un bosque cercano y pasó la noche evitando ser capturada. Regresó a escondidas a su casa lista para decirle a su madre que rechazaba irse a vivir con el hombre.

En algún momento, mi mamá encontró un paquete de cartas que estaban escondidas en las vigas del techo, las cuales estaban dirigidas a ella y a su hermana. A lo largo de sus vidas, su padre les había escrito cartas diciéndoles de su amor por ellas y sus planes de traer a la familia a los Estados Unidos.

Su madre nunca les había mostrado las cartas.

Nakleh comenzó a hacer sus propios planes.

Su esposo había comprado un boleto para que ella viajara en barco a Nueva York. Él se uniría a ella después de que ella hubiera asegurado sus documentos de inmigración. Pero en vez de traer a su esposo, ella planeó buscar a su padre, después de todo, en sus cartas él dijo que la quería con él. Ella finalmente tendría la oportunidad de escapar de esa vida horrible. Ella le escribió sobre sus planes y le pidió que la encontrara en el puerto.

En 1948, Nakleh abordó el barco con tres hombres de un pueblo cercano quienes iban a ser sus patrocinadores para el viaje de seis semanas. Ellos cumplieron con su deber acompañándola por la pasarela del barco y registrándola, luego la dejaron, para nunca verla otra vez.

Le dieron una cama en la cubierta más baja de un cuarto con muchas otras mujeres y niños. Ella no hablaba inglés, así que cuando le preguntaron qué comida quería comer, las únicas palabras que sabía eran "cebolla" y "chocolate". Ella llegó a Ellis Island, cerca de la ciudad de Nueva York, enferma y delgada del hambre.

El agente de inmigración en Ellis Island no podía entenderla cuando dijo que su nombre era Nakleh. Él escribió su primer nombre como Nellie, quitándole así su verdadera identidad. Al pasar por la puerta del edificio de cuarentena, ella esperaba correr a los brazos de su tan esperado padre. Pero no fue así.

Un hombre árabe alto se le acercó diciendo: "Yo soy tu tío. Tu padre recibió un disparo en un juego de póquer y está muerto. Estoy aquí para llevarte a mi casa".

Así comenzó un viaje de tres años a través de varias casas. En algunas casas ella no era más que una esclava, unas pocas daban refugio, y en una fue agredida.

Ella vivió por un corto tiempo con la hermana de su esposo. La mujer le ayudó a presentar los documentos necesarios ante la Iglesia Ortodoxa Siria para anular su matrimonio.

Un tío viudo la mantuvo como su sirvienta y su cocinera, lo que le obligó a pasar largas tardes jugando a las cartas con él. Una noche él intentó agredirla sexualmente, ella sabía dónde él guardaba una pistola y le disparó. Ella esperó en el césped mientras la policía y el equipo de ambulancia respondían a su llamada telefónica pidiendo ayuda. El hijo del tío llegó para llevarla a otra familia, la defendió ante la policía y se disculpó con ella por lo que su padre había hecho. El tío sobrevivió y no presentó cargos contra ella.

Eventualmente, ella se fue a vivir con una pareja libanesa-italiana, los cuales tenían tres hijos pequeños. Ella fue niñera y trabajó en su supermercado. Ellos se convirtieron en su familia, y ella se refirió a los niños como su hermano y hermanas.

Antes de salir del Líbano, mi madre se había preparado para asistir a la Universidad de Beirut. Ella era una muy buena estudiante, y esta era una gran oportunidad para alguien de su origen. Sin embargo, cuando ella se inscribió en la escuela pública de los Estados Unidos, la pusieron en el quinto grado, cuando tenía quince años. Debido a su tamaño y madurez, la mayoría de los compañeros de clase pensaban que era una maestra.

A pesar de que Nakleh no hablaba inglés, sí hablaba francés y con la ayuda de un diccionario de francés-inglés, ella completó todas las materias para el quinto, sexto y séptimo grado, en un año escolar. Eventualmente aprendió inglés y completó el octavo grado a los diecisiete años, también ingresó a la preparatoria a los diecisiete años.

Debido a su trabajo en el supermercado, generalmente estudiaba desde las 10 p.m. hasta la medianoche o más tarde. Ella no participó en actividades escolares después de la escuela. Pudo completar un grado al año y se graduó de la preparatoria en 1954 a la edad de veintiún años, el mismo año en que se casó con mi padre.

A lo largo de su vida, ella valoró la educación. Ella se inscribió en un colegio comunitario después de que sus tres hijos adultos se fueron de la casa, tomando clases nocturnas de escritura en inglés, habilidades básicas de computación, contabilidad empresarial y administración de empresas. Aunque asistió a clases periódicamente durante muchos años, no acumuló suficientes créditos para obtener un título. Ya tenía setenta y cinco años cuando se inscribió en su última clase de computación.

Su nieto le instaló una computadora personal y una impresora en su casa para que pudiera practicar sus ejercicios de computadora fuera del aula. Él le dio lecciones sobre cómo usar la Internet para hacer investigaciones de sus clases de escritura y le explicó cómo usar el correo electrónico para comunicarse con la familia. A ella le costaba recordar todos esos pasos necesarios. Con frecuencia y sin darse cuenta, tocaba un botón o cambiaba una configuración que arruinaba de sus instrucciones bien diseñadas. Ella tenía mucha curiosidad y envidia de las personas que usaban computadoras y teléfonos celulares sin mucho esfuerzo. Ella tuvo poco éxito con tal tecnología.

Antes de su muerte, yo establecí una beca en su nombre en el mismo colegio comunitario en el que ella había estudiado. La beca está restringida, pues solo es para mujeres con hijos que buscan un título en negocios. Cada semestre, ella estaba tan emocionada de ver los reportes con los nombres de las mujeres que habían recibido dinero para ayudarlas a hacer un futuro mejor para ellas y sus hijos.

Fuerza de voluntad, trabajo duro y determinación fue lo que permitieron que mi mamá sobreviviera una vida primitiva en la aldea libanesa. También la preparó para una vida difícil, arreglándoselas con muy poco ingreso durante muchos años de su matrimonio. Ella sembró un gran huerto de vegetales y enlató su producción. Limpiaba casas y una iglesia vecina. Ella comenzó a planchar en una época en la que los manteles y las sábanas se planchaban, junto con las camisas de los hombres y los vestidos de las damas. Horneaba baklava y pan sirio para vender. Ella vendió mentas de queso crema hechas a mano para bodas y graduaciones. Trabajó como secretaria de la oficina de la escuela y luego avanzó a ventas minoristas y a la administración. Durante una década, ella y mi papá administraron moteles en Missouri, Nebraska y Wyoming. Ella se jubiló a los setenta y ocho años, pero continuó una carrera voluntaria activa durante varios años.

Yo, junto con mis hermanos, estuvimos juntos al lado de su cama cuando ella murió a la edad de ochenta y seis años. Una mujer verdaderamente extraordinaria se fue a su hogar celestial. Yo estoy segura de que miles lloraron por su muerte porque ella cuidó y aconsejó a la gente toda su vida.

Ella reconoció de sus sufrimientos debido al sufrimiento que ella había pasado.

Sin embargo, ella no fue capaz de reconocer el mío.

Un padre tiene las llaves de la identidad femenina de su hija, su sentido de autoestima y de sus relaciones futuras.

—DR. JAMES DOBSON

Capítulo 2

Se Unió a la Feria

Nacido el décimo de trece hijos, el nacimiento de mi papá en 1931 hizo que experimentara esa época de la historia de la Gran Depresión, de la Segunda Guerra Mundial y de la Guerra de Corea. Mi papá dijo que su ciudad natal de Grimville, una vez fue nombrada por parte de su familia. De acuerdo con los registros legales, eso no es cierto, pero se creía como que pudiese haber sido. Mis abuelos tuvieron trece hijos, nacidos entre 1920 y 1936. Nueve sobrevivieron hasta ser adultos, seis varones y tres mujeres. Mis abuelos tuvieron cincuenta nietos.

Las raíces familiares de mi papá eran de Prusia, y su apellido era Grimm. La familia emigró a los Estados Unidos en 1753, estableciéndose en Pensilvania. Hay una leyenda de familia que años después, varias familias emigraron al oeste de Ohio. Los hombres se pararon en una colina e hicieron un pacto. Algunos se quedarían en el este, deletreando su apellido como Grimm. Los otros irían más al oeste y usarían el nombre de Grim. De esta manera, ellos esperaban que algunos miembros del clan

15

sobrevivieran para preservar el nombre. El primer cambio de nombre fue registrado en Indiana en 1855 por mi bisabuelo.

Mi papá tenía tres hermanos menores. Un día, ellos estaban jugando en el patio alrededor del gran tanque de agua que era utilizado por las mulas de mi abuelo. El hermano de mi papá de dos años se cayó en el tanque de agua y se ahogó. Como era el mayor del grupo, mi papá se sintió responsable por la muerte de su hermano toda su vida. Él tenía cinco años.

Mi abuelo tenía varios negocios, y se esperaba que sus hijos le ayudaran. Él tenía dos camiones agrícolas utilizados para transportar ganado, cultivos, arena y rocas. Los tres hijos mayores manejaron el camión hasta que se fueron de la casa para servir en la Segunda Guerra Mundial. Mientras los hijos mayores estaban fuera, mi papá se hizo cargo del camión. A los diez años sus piernas eran demasiado cortas para alcanzar el pedal y el acelerador, por lo que el abuelo clavó tablas en los pedales para hacerlos más altos.

Las mulas se utilizaban para el trabajo agrícola. Mi abuelo las entrenaba y las vendía. Es peligroso trabajar con las mulas, pero se esperaba que mi papá ayudara a alimentar y a regar la manada. De hecho, mi abuelo murió a los setenta y ocho años de una lesión en la cabeza que fue el resultado de una caída por la mula que estaba entrenando.

Mientras los hijos mayores trabajaban dentro y fuera de la casa para ganar dinero para las provisiones de la familia, mi papá se convirtió en el ayudante de cocina de mi abuela. Mi tía me dijo que mi papá era muy amable y considerado con su madre y que tenían una buena relación. Sus habilidades culinarias lograron que encontrara trabajo en el comedor del ejército. Él se alardeaba de ser el pelador de papas más rápido de la base.

Cuando mi papá tenía trece años, se fue de la casa para unirse a una feria. Históricamente, la vida de feria en 1944 habría estado llena de libertinaje y actividades ilegales. Al llevar un estilo de vida gitana a una edad tan impresionable, esto por seguro expuso a mi padre a comportamientos inapropiados de un jovencito. Mi papá no me contó historias específicas de sus días en la feria. Me imagino que eso hubiese sido inapropiado de escuchar. Dudo mucho que hubiese asistido a la iglesia, que ganara un salario honesto o que viviera un estilo de vida célibe.

Desde la edad de dieciséis años hasta que fue reclutado en la Guerra de Corea en 1952, mi padre viajó con un grupo de hombres y mujeres adultos que vendían revistas. Mi papá me contó innumerables historias sobre esa etapa de su vida. Él trabajó en todos los cuarenta y ocho estados de la parte inferior del país y podía decirme las características de la calle principal de cada ciudad capital de estado. Pero a partir de estas historias, dudo que su estilo de vida fuera muy diferente de sus días de feria.

Basado en las conversaciones con mi papá, tengo la impresión de que no vivió un estilo de vida puro sexualmente durante esos años. Incluso pueda que fue víctima de encuentros sexuales sin consentimiento por las personas adultas que lo rodeaban. Yo le di el beneficio de la duda.

A pesar de todo, el grupo llegó a Charleston, West Virginia en 1951. Se detuvieron en el supermercado donde trabajaba mi mamá, y su belleza llamó la atención de mi papá. Él compró muchas botellas de Pepsi, regresando diariamente para convencer a mi mamá a salir con él. Ella se negó durante varias semanas. Finalmente, él le dijo que tenía órdenes de presentarse al ejército para recibir entrenamiento básico. Ella accedió a viajar en el autobús con él para despedirlo.

Los diecinueve meses que mi papá estuvo en Corea del Sur fueron difíciles. El intenso invierno causó que sus pies se congelaran lo que le dio problemas el resto de su vida. Las explosiones de municiones le causaron una significante pérdida auditiva.

Él fue entrenado como paramédico del ejército, y su mente fue destruida por los horrores de las heridas que vio. Él se sintió orgulloso de ser miembro de la tripulación de ambulancias involucrada en la Operación Little Switch en 1953. Los americanos prisioneros de guerra, enfermos y heridos fueron liberados en el Puente de No Retorno, cerca de Seúl, y transportados a la base para recibir tratamiento. Muchos hombres murieron dentro de la ambulancia, causándole una mayor angustia.

Mi papá planeó para que sus cheques de pago militares fueran enviados por correo a mi madre, en contra de las regulaciones, que eran reservadas para esposas y madres. Él les dijo a las autoridades que ella era su prometida. Ella recibió sus cheques durante dos años y le entregó los sobres sellados a mi papá cuando regresó a Charleston. Ella no se sentía bien de cobrar ninguno de esos cheques, ya que ellos no estaban en una relación formal. Mi papá usó el dinero para pagar los gastos de la boda y de la luna de miel.

Ellos se escribían cartas cada semana. La relación entre ellos se hizo más personal. Cuando mi papá regresó a Charleston en 1954, se casaron en una ceremonia ortodoxa siria efectuada en árabe. Mi papá bromeó durante años que él le creyó a mi mamá de que estaban verdaderamente casados, ya que él no le entendía al sacerdote.

Mis padres vivieron en Charleston durante los primeros cinco años de mi vida. Mi papá tenía una variedad de trabajos que incluían seguros y ventas de automóviles, control de plagas de Orkin y trabajos de seguridad. Para el 1960, había tres hijos, poco trabajo, y mi papá extrañaba Nebraska. Su mamá le dijo que se estaban contratando hombres para construir la presa Calamus cerca de Atkinson, Nebraska. Nos fuimos de West Virginia y nos mudamos con mis abuelos.

Es caso común que dos mujeres que viven en la misma casa experimenten conflictos. Habiendo dos culturas aumentó más el estrés. Mi papá estaba fuera durante semanas trabajando en la construcción de la presa y no alrededor para interceder. Hasta que eventualmente, mi mamá convenció a mi papá a que nos mudáramos. Desafortunadamente, nos fuimos para una granja decrépita y deteriorada, y fuimos desdichados.

De pronto, mi papá reaccionó al estrés con una crisis nerviosa. Hoy en día se llama trastorno de estrés postraumático. Una noche, él acostó su cabeza en el regazo de mi madre, hablando incoherentemente, y gritando que los hombres necesitaban ayuda. Mi mamá vio cómo el castaño cabello de mi papá se volvió blanco de la noche a la mañana.

A la mañana siguiente, ella llamó al jefe de policía para pedir ayuda. Cuando llegó el diputado de policía, mi papá le disparó. Ambos hombres fueron transportados al hospital. El diputado de policía se recuperó de su herida. Y mi papá fue admitido a la sala psiquiátrica del hospital de veteranos en otra ciudad. Él no regresó a casa durante seis semanas.

Nuestra familia se mudó seis veces durante los siguientes diez años. Mi papá tenía problemas para quedarse en un trabajo y para pagar la renta. Cuando yo tenía ocho años, el dueño llegó a cobrar la renta. Mi papá salió corriendo para esconderse en el maizal, diciéndonos a nosotros que nos escondiéramos debajo de una cama que estaba en la sala, y a mi mamá que se escondiera en el baño. Qué miedo escuchar al dueño golpear la puerta exigiendo lo que se le debía.

Después de irse, mi papá pidió prestado un camión agrícola de alguien y nos dijo que empacáramos. Mi hermano de cinco años y yo llevamos las cajas a la parte de atrás del camión para que mi papá las cargara.

Él encendió fuego en un barril. Si consideraba que el contenido de la caja no era digno de ocupar el espacio limitado en el camión, tiraba la caja al fuego. Nosotros de niños teníamos muy pocos juguetes, la mayoría de ellos eran regalos de nuestra tía rica. Observamos con horror cómo mi papá tiró esa caja de juguetes al fuego, y las chispas volaban hacia el cielo nocturno.

Después, mi hermano y yo nos acostamos encima de la carga mientras conducíamos por la carretera hacia nuestra próxima casa. De vuelta en Charleston, mi papá se había ganado un premio por sus ventas de seguros. Era una mesa negra, plegable de Samsonite con cuatro sillas que hacían juego. Esta era una posesión preciada, y la historia de cómo la ganó se repetía cada vez que se sacaba para que los invitados la usaran. Esa noche la mesa voló del camión. Me sentí muy bien verla irse. Por años, mi papá reflexionaba sobre lo que le sucedió a esa mesa.

El apodo de mi papá era Doc, primero debido a su experiencia médica en el ejército, luego como técnico de primeros auxilios en una fábrica de municiones y, eventualmente, como camillero en dos hospitales. Su sueño era convertirse en médico, pero eso era imposible sin una educación. Sin embargo, después de graduarse con un diploma equivalente en 1970, él se convirtió en el primer técnico de emergencias médicas (EMT) de un equipo de ambulancias de la ciudad recientemente formado. Y pues con el nuevo trabajo llegó la primera larga situación en el hogar para nuestra familia. Mis padres estuvieron allí veinticinco años.

Era común que la gente de la generación de mi papá reaccionara a su experiencia de la escasez de la Gran Depresión aferrándose a la más pequeña posesión. Una vez que mi papá tomó el trabajo de EMT en 1970, él se convirtió en un acaparador compulsivo de alimentos y productos de papel. Tenía varios estantes de seis pies construidos en el sótano de nuestra casa. Él los mantuvo llenos de muchos productos enlatados, jabones y productos de papel, más de lo que nuestra familia de cinco podría usar en un año. Cuarenta años después, cuando los mudé de su casa a un apartamento de vivienda asistida, llevé dos carros llenos de provisiones a unos grupos de caridad.

Su pérdida auditiva y su ceguera nocturna terminaron con el trabajo soñado de mi papá después de ocho años. Hasta el punto de su jubilación, él trabajó en seguridad y ventas de carros, dirigió una distribuidora de periódicos y administró moteles.

Ayudar a los demás era un hábito de estilo de vida de mi papá. Sirvió como diácono en todas las iglesias que asistió, lo cual le mantuvo al tanto de las diversas necesidades de las personas en la congregación. Con frecuencia, los fondos necesarios provenían de su propio bolsillo, incluso cuando sus bolsillos estaban casi vacíos. Él y mi mamá tenían un ministerio semanal para servir la comunión a los recluidos. Él se ofreció como voluntario en el hospital local como guía de pacientes de admisión, también como asistente de silla de ruedas para citas médicas en el laboratorio y radiografías. Fue reconocido como hermano de armas para los veteranos y ganó un premio de 1,000 horas voluntarias en el hospital local de veteranos.

Mi papá raramente pasaba los carros estacionados a lo largo de la carretera, sin detenerse para ayudar. Lo conocían como alguien que llevaba a los conductores varados a su casa, mientras se hacían las reparaciones de sus carros, a veces durante varias noches. Recurría a su entrenamiento médico ayudando con primeros auxilios en las escenas de accidentes mientras llegaban las autoridades. Con su amabilidad y bondad siempre ganaba grandes elogios de los demás. Sin embargo, ese no era el hombre con el que yo viví.

Mi papá era notorio por ondear la bandera estadounidense en su patio. Pagó un precio alto por su servicio militar. Y yo creo que al levantar su bandera cada mañana era un recordatorio de que su sacrificio valió la pena. Su orgullo por nuestro país y por la militar, me impulsó a crear un regalo de familia para un nuevo parque conmemorativo militar establecido en uno de los pueblitos en el que nuestra familia había vivido. Los fondos fueron utilizados para comprar una asta de bandera para el centro del parque y una placa con el nombre fijado al lado. Él murió a la edad de ochenta y siete años con todos los honores militares en su funeral.

Fue difícil mostrar respeto por mi papá con mi historia de su abuso. Sin embargo, mi perdón hacia él, y la gracia de Dios, fue lo que me dio fuerza y coraje para hacerlo.

Yo soy el camino, la verdad y la vida.
Nadie viene al Padre sino por mí.

—JESUCRISTO

Capítulo 3

Un Largo Camino a la Iglesia

Asistir a la Iglesia era algo habitual en nuestra familia. Asistíamos los miércoles por la noche y dos veces el domingo con algunas excepciones. Mi papá era líder de la iglesia, mi mamá daba clases de escuela dominical, y mis hermanos menores y yo cantábamos como tríos durante el servicio.

El edificio de nuestra iglesia era una estructura de madera blanca con el santuario en el piso principal. Las clases de escuela dominical y las comidas compartidas se llevaban a cabo en el sótano. Mis compañeros de escuela dominical y yo llenábamos los espacios en blanco de nuestros cuadernillos mientras escuchábamos las lecciones bíblicas. Yo estoy agradecida por los años que estudié la Biblia, de principio a fin. No se omitió nada por conveniencia o para evitar ofender a alguien. Escuché todas las palabras que Dios nos proporcionó en Su Palabra, la Biblia.

Yo disfruté de aprender sobre la Biblia. Aprendí a sentarme en silencio durante cuarenta y cinco minutos y podía encontrar un versículo en la Biblia rápidamente. Me memoricé muchos versículos de la Biblia cuando era niña, y eso me brindó consuelo e instrucción. Desafortunadamente, las circunstancias de cómo llegué a mi relación personal con Jesús son un poco agotadoras.

Yo tenía siete años cuando mi padre entró como nuestro maestro sustituto. La lección era una que había escuchado varias veces sobre la crucifixión y la resurrección de Jesús. Sin embargo, ese día el Espíritu Santo movió mi corazón, y me di cuenta de que Jesús había hecho ese sacrificio por mí. Yo sabía que yo era una pecadora y quería ser perdonada e ir al cielo cuando muriera. Estimado lector, usted también puede tener eso por seguro.

Desde el principio del mundo, el pecado de Adán y Eva de desobedecer las reglas de Dios en el jardín del Edén ha pasado a cada una persona que haya nacido. Debido a que Dios nos ama y quiere tener una relación personal con cada uno de nosotros, Él creo una manera de pagar por ese pecado. Él requirió que el sacrificio de sangre de Su único Hijo, Jesús, fuera el pago. Jesús voluntariamente dio su vida en una cruz y murió. Tres días después resucitó de entre los muertos, escapó de su tumba y pasó cincuenta días con sus discípulos. Él completó Su enseñanza con ellos y regresó al cielo. Entonces, el Espíritu Santo vino a vivir en la vida de cada persona que creyera que la muerte y resurrección de Jesús era el pago por su pecado. Ya no separados de Dios por el pecado, seremos bienvenidos en el cielo donde viviremos con Él por toda la eternidad.

En Juan 3:16–17 (NTV), Jesús lo explica de esta manera:
16 "»Pues Dios amó tanto al mundo que dio[g] a su único Hijo, para que todo el que crea en él no se pierda, sino

que tenga vida eterna. [17] Dios no envió a su Hijo al mundo para condenar al mundo, sino para salvarlo por medio de él."

Después de que los otros niños salieran del aula, le dije a mi papá: "Yo quiero hacer eso. Yo quiero creer que Jesús murió por mí y que pagó por mis pecados". Mi papá me ayudó a orar y puse mi confianza y fe en Jesucristo.

El hecho de que mi abusador me dirigiera a Cristo no disminuyó mi experiencia. Mas bien, revela el gran poder de Dios para vencer el mal. La verdad en la Biblia fue más grande que el pecado habitual del abuso de mi papá. Mucha gente me ha preguntado a través de los años: "¿Cómo puedes creer en Dios con todas las cosas terribles por las que has pasado?"

Mi respuesta es como la de Pedro en Juan 6:68–69 (NTV): [68] Simón Pedro le contestó: —Señor, ¿a quién iríamos? Tú tienes las palabras que dan vida eterna. [69] Nosotros creemos y sabemos que tú eres el Santo de Dios. [k]

Creer en Jesús como mi salvador y amigo a una corta edad ha sido una ventaja para hacerle frente a la vida. A través del poder del Espíritu Santo en mi vida, he encontrado fortaleza y guía para perseverar en tiempos difíciles. Me memoricé Isaías 26:3 (NTV) como apoyo. "¡Tú guardarás en perfecta paz a todos los que confían en ti, a todos los que concentran en ti sus pensamientos!" A pesar de todo, las acciones de mi papá fueron ejemplos hipócritas del comportamiento de un cristiano.

Mi madre era una árabe hermosa que le prestaba mucha atención a su vestidura y apariencia. También era muy consciente de la limpieza de su casa. Siempre intentaba hacer demasiadas cosas antes de arreglarse para salir de la casa. Llegar constantemente tarde a la iglesia era algo que mi papá no podía tolerar.

Un domingo por la mañana, se enfureció y la empujó contra una ventana, rompiéndola. Afortunadamente, mi mamá no fue herida. Yo lo jalé para que se quitara de encima de ella y me tiró al suelo. Me gritó que limpiara el vidrio, mientras la arrastraba al dormitorio para que se vistiera. Su rabia continuó aumentando.

Cuando finalmente llegamos a nuestro auto, no arrancaba, así que comenzamos a caminar cuatro cuadras hasta llegar a la iglesia. Yo le pedí que dejara de gritar porque la gente en las casas a lo largo del camino podía escucharlo.

"¡Deja de causar problemas!", gritó él mientras me arrastraba por la calle, pateándome repetidamente en la espalda.

Yo tenía puesto un vestido blanco con lunares amarillos el cuál se cubrió con huellas negras de sus zapatos. Por supuesto, no había forma de volver a la casa para cambiarme. Yo no llevaba un suéter o una chaqueta que me pudiera envolver alrededor de la cintura para cubrir la suciedad. Llegué a la iglesia sintiéndome miserable y con dolor. Caminé de espaldas en el santuario poniendo excusas por mi comportamiento extraño hasta que pudiera sentarme.

Mi humillación aumentó al final del servicio cuando caminé al frente de la iglesia con los otros congregantes para recibir la comunión de nuestros líderes de la iglesia, incluyendo a mi papá. Las huellas negras de mi vestido reflejaban la negrura en mi corazón. Debido a ese sentimiento de ira contra mi papá, yo habría rechazado la comunión ese día si no temiera a sus represalias. La presencia de nuestra familia era lo más importante.

Personas como mi papá no tenían por qué servir como líderes de la iglesia y yo lo sabía. Nosotros estábamos ocultando el pecado en nuestra casa a nuestros amigos de la iglesia. Me gustaría creer que alguien nos hubiera ayudado si tan solo hubiéramos hablado del abuso. Nuestro silencio perpetuó el pecado.

Es importante que no veamos a las personas para que nos muestren cómo es Dios. El comportamiento humano es a menudo hipócrita. Hablamos de una manera y caminamos de otra. Pero el Único Dios Verdadero, nuestro creador, es todo amoroso, todopoderoso y omnisciente. Pueda que no entendamos Sus caminos, pero podemos confiar en Él. Él no puede mentir y Él no cambia.

La relación que tuve con mi papá podría haber contaminado mi perspectiva hacia mi Padre celestial. Pero por la gracia de Dios, eso no ha sido el caso, pues yo creo en la siguiente verdad: [28] Y sabemos que Dios hace que todas las cosas cooperen[a] para el bien de quienes lo aman y son llamados según el propósito que él tiene para ellos. . . Si Dios está a favor de nosotros, ¿quién podrá ponerse en nuestra contra? Romanos 8:28, 31b NTV

Escuchar
"Good, Good Father" ("Buen, Buen Padre") de Casting Crowns
    "What a Friend We Have in Jesus" ("Qué amigo tenemos en Jesús") de Alan Jackson

Esencialmente, la soledad es el conocimiento de que los demás seres humanos son incapaces de comprender la condición de uno y, por lo tanto, son incapaces de brindar la ayuda más necesaria.

—HUBERT VAN ZELLER

Capítulo 4
Sentimientos de Desvalorización

Yo fui la típica primogénita: motivada, responsable, perfeccionista, mandona. También era muy leal y protectora de mis hermanos menores. Experimenté enfermedades físicas y emocionales debido a los gritos, la rabia y las golpizas en nuestro hogar. Asumí que también les afectaba a mis hermanos menores, e hice lo que pude para protegerlos. Ya sea que le rogara a nuestra mamá que dejara de gritar o de separar a mi papá de alguien que estaba siendo golpeado, yo traté de protegerlos.

Una vez, mi hermano y yo manejamos nuestras bicicletas una milla en una carretera de dos carriles hasta el puente del río cercano. Mi mamá casi se muere del miedo cuando se dio cuenta en dónde estaban sus hijos de nueve y de doce años y llegó corriendo a buscarnos en su auto. Ella cargó nuestras bicicletas en el maletero del carro y nos llevó a casa. Una vez allí, se enfureció y comenzó a golpearnos con un cinturón.

Yo pensé que ella estaba reaccionando exageradamente y que estaba fuera de control. Me tiré encima de mi hermano para recibir yo la paliza evitándole el abuso físico, o por lo menos el abuso verbal. Cuando me convertí en madre, entendí su preocupación por nuestra seguridad. Sin embargo, yo todavía pienso que ella reaccionó exageradamente, porque nuestro paseo fue en un día claro y soleado en una carretera rural con muy poco tráfico. Que estaba a solo una milla de la casa. Mi hermano y yo aprendimos una fuerte ética de trabajo en nuestro pueblo del Medio Oeste de 400 personas. Ayudamos a mi papá a cortar y podar árboles, transportar basura de las casas de las personas al basurero del pueblo y a limpiar una iglesia vecina. Mi hermano y yo nos dividimos la ruta del periódico del pueblo, y cada uno teníamos cincuenta clientes. Ambos éramos de complexión pequeña, por lo que equilibrar cincuenta papeles en cada una de nuestras bicicletas era precario y difícil hasta que entregábamos parte de la carga.

Yo hice muchas tareas domésticas, incluyendo limpiar, planchar y hornear. Tenía la receta del pastel de chocolate alemán de mi mamá memorizada a los nueve años. Muchas veces me sentía amargada por mis responsabilidades domésticas porque mi hermano y mi hermana no ayudaban tan seguido.

Mi hermana era cinco años menor que yo, y no se esperaba que hiciera muchos quehaceres domésticos. Nosotros compartimos una cama doble, y yo me enojaba con ella por no despertarse por la noche cuando mi papá me abusaba. En mi forma protectora, yo no quería interrumpir su sueño, pero quería que se despertara y asustara a mi papá. Ella también tenía la costumbre de comerse las sobras de mi pastel de chocolate favorito, mientras yo estaba en la escuela. Yo sentía mucha pena por mí misma y estaba celosa de ella por ser la bebé de la familia.

Mi hermano no hacía los quehaceres porque pasaba gran parte del tiempo con mi papá. Yo también estaba celosa de eso. Era más fácil para mi papá preferir pasar tiempo con su hijo. Y, pues claro, a pesar de que anhelaba la atención de mi papá, siempre era inapropiada y poco saludable cuando la recibía, así que nuestra relación era confusa para mí.

El sistema de calificación en mi época para la escuela era de la A hasta la F, siendo A el valor más alto del 100 por ciento. Mis padres esperaban que obtuviéramos las A, y tal vez una B. A pesar de mi distracción emocional del abuso, obtuve altas calificaciones en la escuela. Hubo momentos que después de una noche de abuso en los que tuve dificultades para concentrarme yo obtuve una calificación baja en una tarea, pero no fue lo suficiente para bajar mi promedio.

Como por ejemplo, un examen de ortografía que tomé en el cuarto grado. Yo era una estrella en la ortografía, y era una materia fácil para mí. Nos memorizábamos diez palabras a la semana y teníamos pruebas cada viernes. Un día, la maestra dijo la palabra *que* y me quedé en blanco. Simplemente no podía visualizar la palabra para escribirla. Me dieron ganas de llorar y me molesté y no me concentré en las siguientes siete palabras que recitó. Entregué un papel en su mayoría en blanco. Estaba devastada. No tenía la madurez para entender que el abuso estaba interfiriendo con mi concentración. Simplemente pensé que yo era tonta. Se agregó a mis sentimientos de desvalorización.

Yo manifesté otras reacciones físicas al abuso. Hasta la edad de diez años, me chupaba el dedo gordo cuando me sentía ansiosa y frecuentemente mis compañeros se burlaban de mí.

Mis padres trataron de romper ese hábito con cremas de sabor desagradable o con azotados.

Yo he hablado sobre mis dolores de estómago, la enfermedad psicosomática que desarrollé por el abuso. Desafortunadamente, también desarrollé un trastorno pulmonar llamado pleuresía, el cual es una inflamación del forro alrededor de los pulmones que resulta en un dolor agudo en el pecho y dificultad para respirar. Una causa común de la inflamación es una infección viral. En ese tiempo, el tratamiento era reposo y poner una compresa caliente en el pecho.

Cuando yo era una niña pequeña, fui envenenada por inhalar los químicos emitidos durante una explosión en la fábrica de productos químicos en mi vecindario. Me imagino que eso pudo haber dañado mis pulmones y haberme hecho más susceptible a las enfermedades pulmonares. Cualquiera que allá sido la causa, yo sufrí varios ataques de pleuresía mientras estaba en la primaria. No sé si fue provocado por el estrés del abuso, pero ocurría regularmente después de un episodio de abuso sexual.

Mi primer ataque ocurrió en la escuela en el cuarto grado. Me caí en el suelo al lado de mi pupitre, esforzándome a respirar. Me llevaron al médico de familia para un diagnóstico y tratamiento, y luego me enviaron a la casa. Yo tenía que descansar y aplicar una compresa caliente en mi pecho al descubierto, lo que llamó la atención de mi papá. Yo estaba acostada bajo las sábanas de mi cama sintiéndome asustada, enferma y con falta de aire. Mi papá se sentó muy cerca de mí, en efecto, atándome a la cama con las sábanas. Me sentía atrapada y claustrofóbica. Él quería usar Vicks VapoRub en mi pecho y mi espalda para abrir mis vías respiratorias. Yo me negué y luché contra él. No estaba de humor para más abuso sexual. Incluso hasta como adulta, entro en pánico cuando estoy tapada con una cobija pesada y que no la pueda quitar rápidamente. Yo rezo para calmarme hasta que me siento a salvo.

Mi mamá también tuvo que ver en que me sintiera mal conmigo misma. Ella era una gritona. Tanto era así, que hubo momentos en que yo le rogaba que me golpeara en lugar de gritarme. Me daban terribles dolores de estómago escucharla gritar. Me avergonzaba de que, como adulta, yo sometiera a mis hijos a los mismos gritos llenos de rabia durante muchos años.

Yo estaba celosa del tiempo que mi mamá pasaba con otros niños en el pueblo. Todos la amaban y querían ser su amiga. Ella tenía un don para hacer que la gente le hablara de sus problemas. Los adolescentes visitaban nuestra casa a seguido para hablar con ella en privado. Mientras yo limpiaba un baño o lavaba los platos, ella escuchaba a mis amigos desahogarse sobre sus problemas. Yo sentí tanta incertidumbre sobre la situación. Me enorgullecía cuando otros chicos decían: "Tu mamá es tan hermosa y agradable. Tienes suerte de tenerla". Por otro lado, yo resentía el tiempo que ella pasaba con ellos y no conmigo.

Tuve que enfrentarme a los celos, la amargura y el odio que sentía hacia mis compañeros. Ellos estaban recibiendo la atención que yo quería de mis padres. Mi ira y amargura me iban a hacer miserable y no tendrían ningún efecto en cambiar la situación. Le pedí a Dios que me ayudara, y fue una batalla difícil. Cité Salmos 23:1 (NTV), "El Señor es mi pastor; tengo todo lo que necesito." Yo quería depender de Dios para que fuera mi padre y aceptar Su amor incondicional por mí, no escuchar a Satanás tentarme a la rabia.

Debido al entrenamiento médico de mi papá, raramente pasaba por un carro varado o una escena de accidente sin detenerse para ayudar. Nosotros, los hijos, sabíamos que era mejor no quejarse. El detenernos muchas veces tomaba un largo período de tiempo. Si íbamos de camino a un evento, probablemente íbamos a llegar tarde o nos lo perderíamos por completo. A mí me dio la sensación de que detenernos para otras personas era más importante que lo que yo necesitaba. Eso me hizo sentir que yo valía menos que un desconocido. Me enojaba porque el desconocido salía pensando que mi papá era el tipo más amable y bondadoso del mundo. Después el hombre que yo conocía volvería al carro y no había nada de bueno en él.

En el quinto grado, nuestra escuela introdujo a los estudiantes a la música de banda enseñándonos a tocar un instrumento parecido a una flauta que hoy llamamos la flauta dulce. La clase iba a tocar nuestras canciones en el concierto de música de primavera de la escuela. Nuestro maestro me pidió que yo fuera la directora de banda. Este fue un gran privilegio para mí, y estaba recibiendo una atención positiva. Como había tomado clases de piano, yo sabía leer música y mantener el ritmo. Yo estaba nerviosa, pero estaba segura de que tenía las habilidades necesarias para hacer un buen trabajo.

Fue un viaje de diez millas en una carretera principal desde mi casa hasta el concierto. Mi papá se detuvo por un carro varado. Le rogué que me llevara a la escuela y regresara, o que fuera a una finca cercana y llamara a otra persona para ayudar al automovilista. No me escuchó.

Llegué al concierto muy cerca del final. Mi maestro estaba enojado porque no le había dicho que no iba a asistir. No había teléfonos celulares en 1966. Incluso si hubiera podido encontrar una manera de llamar a la escuela, el teléfono estaba bloqueado en la oficina principal y nadie lo habría contestado. Yo estaba desconsolada por la oportunidad perdida. No le dije a mi maestro la verdad de por qué llegué tarde. Mis padres tampoco intentaron explicarlo. Una vez más, sentí que un desconocido era más importante que yo, y me hizo sentir triste y sin valor.

Mi papá tuvo varias relaciones extramatrimoniales. Un día, vino a mi habitación con un aspecto triste.

"Quiero darte algo muy importante. Este anillo es para ti, mi niña especial. Quiero que lo uses todo el tiempo para que recuerdes cuánto te amo".

El anillo tenía dos rubíes cuadrados, su piedra preciosa favorita, en una estrecha banda de plata. Era un anillo bonito, pero yo sabía la verdad. Él se lo había comprado a una novia que había terminado con él y se lo había devuelto. De ninguna manera yo iba a usar ese anillo. Yo llevé las cicatrices emocionales de ser su niña especial. De ninguna manera yo iba a usar un recuerdo físico de su relación enfermiza conmigo. Lo escondí en una caja y lo vendí en una venta de objetos usados cuando yo tenía treinta años.

El abuso constante me hizo sentir mal sobre mí misma. Fue difícil hacer amistades y dejarlos acercarse. Yo no quería que ellos supieran sobre el abuso. Pero en el sexto grado tuve una amiga especial.

Una tarde, trabajamos juntas en un proyecto escolar hasta que oscureció. Mi papá pensó que ella no debía caminar sola las dos cuadras hasta su casa y se ofreció a caminar con ella. Yo inmediatamente me sentí incómoda.

"Yo también iré", le ofrecí.

"No, tú necesitas irte a la cama", dijo mi papá.

Yo estaba en mi habitación cuando lo escuché regresar a la casa y prendió la televisión. Unos minutos más tarde, sonó el teléfono y yo lo contesté.

"¡Tu papá me besó! ¡En la boca! ¿Qué le pasa?", lloraba mi amiga.

"Lo siento mucho. Por favor, no llores, todo estará bien. Yo me aseguraré de que nunca vuelva a suceder". Ella colgó.

Yo corrí a la sala y grité: "¿Qué has hecho? ¿No puedes dejar a nadie sola?"

Mi mamá entró en la habitación y preguntó qué estaba pasando. "Cállate", dijo mi papá, "no es la gran cosa. Ella lo está inventando".

Yo estaba terriblemente enferma del estómago y me fui a la cama llorando, preguntándome cómo me iría en la escuela al día siguiente. Pero mi amiga nunca dijo ni una palabra.

A causa de que me expresaba libremente con los chicos de la secundaria sobre cosas sexuales, pasó una etapa en la que ellos me miraban por la ventana. Una noche, mientras me bañaba, vi una cara en la ventana del baño y grité del miedo. Mi papá salió corriendo de la casa para confrontar al chico. En la oscuridad, el mirón se olvidó del tendedero de alambre bajo el que se había agachado cuando llegó por primera vez. Mientras huía, su cuerpo alto y flacucho se tropezó con el cable a toda velocidad a la altura de la garganta y se calló boca arriba dejándolo sin aliento. Mi papá pensó que era divertido y dejó que el chico sufriera. Él regresó a su programa de televisión gritándome por alentar al chico a venir a mirarme. Yo estaba mortificada de haber sido vista desnuda y estaba muy asustada de que el chico estuviera gravemente herido. Él y yo no lo conversamos, pero ese cuento circuló por la escuela. Afortunadamente, la atención se centró en la caída divertida y no en lo que vio en la ventana. En la preparatoria, mi sinceridad con los chicos para hablar sobre las chicas y sobre asuntos sexuales no fue apreciada por sus novias. Yo me estaba llevando con los chicos de la mejor manera que yo sabía, y era inapropiado. Pero tenía la atención de ellos y parecían ser mis amigos.

Una mañana, en la clase de gimnasia, varias chicas decidieron darme una lección. Cuando yo recogí mis libros para salir del vestuario, me atacaron y me sujetaron mientras alguien me echaba champú sobre la cabeza. No hubo tiempo de volver a la ducha para enjuagarlo. Pasé las horas de la tarde luciendo descuidada con el pelo grasiento. Fue muy vergonzoso. Me dolió ser tratada de esa manera. Yo podía entender su enojo, pero mi humillación fue grande.

Más tarde ese mismo día, mi maestra de inglés trató que le explicara lo que me había sucedido, pero no se lo dije.

"JoAnn, tú eres una de mis estudiantes favoritas. Tú prestas atención, y haces las tareas. Me gusta tu poesía. Espero que continúes escribiendo y no mantengas tus sentimientos reprimidos".

Eso fue lo más bonito que alguien me había dicho en años.

Lee y medita

Pues el Señor tu Dios vive en medio de ti. Él es un poderoso salvador. Se deleitará en ti con alegría. Con su amor calmará todos tus temores. Se regocijará por ti con cantos de júbilo.

Sofonías 3:17 NTV

Escuchar

"Who You Say I Am"(Quien Dices Que Soy) por Hillsong Worship

"Glorious Unfolding" (Despliegue Glorioso) por Steven Curtis Chapman

No podemos tratar al embrión humano como barato y sin valor sin juzgar toda la vida humana, incluyendo la nuestra.

—MONICA FURLONG

CAPÍTULO 5

La Pérdida de Una Vida

El abuso sexual crónico que yo estaba experimentando me llevó a un comportamiento de promiscuidad desde los doce años. Yo tenía novios con regularidad y usualmente estaba involucrada en algún tipo de actividad sexual. Entre más mayor es el chico, más invasivo es el sexo.

Los expertos te dirán que las relaciones basadas en la atracción sexual no duran mucho tiempo. Pero yo pensaba que todos los chicos con los que me acostaba planeaban casarse conmigo y que todo iba a estar bien. Yo me alejaría de la casa. Tendría a alguien que me amara por mí y no por lo que pudieran obtener de mí. Yo era un desastre.

Cuando yo tenía dieciséis años, ya era prácticamente una ninfómana o adicta al sexo. Los chicos lo disfrutaron por un tiempo, pero incluso ellos vieron que yo estaba fuera de control. Sus padres estaban horrorizados por mis demostraciones públicas de afecto. Junto con el apego físico vendría el apego emocional, y pronto los chicos se fueron.

Tal vez te preguntes si fui a la clínica local de Planificación Familiar para obtener anticonceptivos. Yo no lo hice. Pues como confesé ser cristiana, y mi deseo era obedecer las enseñanzas de Dios, no quería admitir que estaba planeando tener relaciones sexuales. Yo sabía que mi actividad era un pecado; no debería aprobarlo tomando anticonceptivos. Un pensamiento loco, lo sé.

Cuando yo tenía diecisiete años y estaba en el último año de la preparatoria en 1973, ya podía ver un final a la vista para salir de mi casa. Yo quería ser enfermera desde que era una niña pequeña y estaba haciendo planes para asistir a la Escuela de Enfermería Mary Lanning in Hastings en agosto.

Yo era la presidenta del coro de nuestra escuela, y nuestra producción del musical *Oklahoma* estaba en pleno apogeo. Yo estaba teniendo problemas para levantarme por la mañana para ir a las clases porque estaba muy cansada. Además, mis usuales dolores de estómago eran mucho peores. No les dije a mis padres que no me sentía bien hasta que vomité sangre. Nuestro médico de familia me ingresó en el hospital para hacerme pruebas.

Después de dos días de no encontrar nada anormal, entró en mi cuarto y con voz muy disgustada dijo: "No tienes nada. Estás embarazada".

Y girando sobre su talón, salió del cuarto y me dejó para enfrentarme con mis padres aturdidos.

Las primeras palabras que salieron de la boca de mi padre fueron: "¿Cómo puedes avergonzar a la familia así?"

Como de costumbre, mi madre no dijo nada, pero sí lloró.

Las siguientes veinticuatro horas fueron un torbellino. Una enfermera convocó una reunión familiar en una sala de conferencias. Mi novio vino y me pidió que me casara con él. Yo le dije que no. Yo no quería renunciar a mi sueño de ser enfermera. No pensaba que un matrimonio de dos adolescentes tuviera muchas promesas de tener éxito.

Más que nada, mi papá estaba presionando por el aborto. Le pidió a una amiga enfermera que "me hiciera entrar en razón". Su hija había estado recientemente en la Costa Este por un aborto, un lugar más cercano a nosotros para un aborto legal. Yo era "muy afortunada" porque *Roe v. Wade* había pasado recientemente, y un estado vecino estaba ofreciendo abortos por razones médicas que amenazaran la vida de la madre. Mi papá aprovechó de esa información, sacó mi tipo de sangre y de compatibilidad, el cual era un requisito de la clínica de abortos, me metió a nuestro Buick y partió para un viaje de seis horas a través de las fronteras estatales.

Hay imágenes que recuerdo de ese día. La clínica de abortos se miraba como un consultorio médico normal. Varias chicas, no mujeres adultas, se sentaron en la sala de espera. A mí me llevaron a otro cuarto más pequeño con un escritorio. Una señora muy agradable me ayudó a completar mi papeleo. Cuando llegamos a la línea de Razón Médica para el Tratamiento, me quedé en blanco. No sabía de una razón. La miré implorándole: "¿Qué digo?"

Ella me hizo varias preguntas sobre mi historia médica y no le gustó ninguna de mis respuestas hasta que le dije que me hice radiografías gastrointestinales para encontrar una úlcera estomacal la semana pasada.

"¡Eso es! La radiografía podría deformar al bebé y tú podrías morir en el parto".

¿De verdad que lo llamó bebé? ¿De verdad que me iba a morir?

Lo acepté y firmé los papeles. Mi bebé se iba a morir para que yo pudiera continuar con mi vida y mi papá no se avergonzara. Una muy mala decisión.

Mientras estaba acostada en la cama de operaciones, me sentía mareada por un medicamento que me dieron y entraba y salía del sueño. Había un póster de un oso koala arriba en el techo. Yo me preguntaba qué tenía que ver Australia con esto. ¿Y no es que los osos koalas tienen una bolsa en la que sostienen a sus bebés?

Escuché al médico decir: "Varón, diez semanas, intacto".

Después me desperté con los sonidos de unos gemidos. Pensé que era yo, pero sentí otra presencia. Al abrir los ojos, vi que estaba en una camilla en un cuarto de luz baja con varias chicas. Los gemidos venían de otra chica y de pronto ella estaba gritando fuera de control. Se la llevaron y nunca entendí qué significaba o qué pasó con ella.

Finalmente, me dieron de alta, me subí al Buick y me acosté en el asiento trasero. Mi dolor y sangrado eran manejables, y todo lo que hice fue dormir. Como tres horas más tarde me desperté confundida, miré por la ventana en la noche oscura justo cuando pasábamos una señal de tráfico con el nombre de un pueblo cercano. Era un pueblo del que nunca había oído hablar, y una señal por la que pasaría por ahí durante los próximos cuarenta años y me enfermaría físicamente al recordarla.

Mi novio me estaba esperando cuando llegué a casa, pero yo no quería hablar con él. El dolor era intenso, pero la vergüenza y la aflicción eran devastadores. Eventualmente yo intenté tomar una sobredosis de un tranquilizante recetado para dejar el remordimiento, pero me descubrieron antes de que pudiera escapar de mi arrepentimiento.

Mi mamá parecía entender que mi pérdida era como sus abortos espontáneos. Pero mi papá gritaba: "Supéralo. Eso no es un bebé". Yo nunca lo creí. Yo sabía que era una asesina.

Lee y medita

[13] Tú creaste las delicadas partes internas de mi cuerpo y me entretejiste en el vientre de mi madre. [14] ¡Gracias por hacerme tan maravillosamente compleja! Tu fino trabajo es maravilloso, lo sé muy bien.

Salmos 139:13-14 NTV

Escuchar

"Stand in Your Love" (Mantenme en Tu Amor) por Bethel Music y Josh Baldwin

"His Mercy is More" (Su Misericordia es Más) por Keith y Kristyn Getty

Nunca puedes aprender que Cristo es todo lo que necesitas hasta que Cristo sea todo lo que tienes.

—CORRIE TEN BOOM

CAPÍTULO 6
La Segunda Traición

Las últimas semanas de la preparatoria fueron llenas de estrés por los exámenes de ingreso a la universidad, solicitando becas, actuando en nuestros conciertos finales de coro, completando varios trabajos finales, trabajando los fines de semana de mesera y manteniéndome alejada de mi casa cada vez que pensaba que mi papá estaría allí. Estar cerca de él me hacía sentir enferma, ansiosa y muy enojada. La gente fuera de nuestra casa pensaba que él era el hombre cristiano más amable y bondadoso que pudieras conocer. Sus grandes elogios solo me hicieron sentir menos digna.

Una tarde, salí temprano de la escuela para encontrarme con amigos en el circuito de carreras local. No era una apostadora, pero yo tenía un carro y recibía atención positiva cuando me ofrecía a llevar a otros a la pista. También era mi día para llevar a mi madre a la casa desde su trabajo. Paré por mi casa muy rápido antes de ir a buscarla.

Entré corriendo por la puerta principal y por el pasillo hasta mi habitación antes de darme cuenta de que la televisión estaba encendida en la sala. Yo me di vuelta para ver a mi papá levantándose del sofá caminando hacia donde yo estaba. En lugar de estar acorralada en el pasillo estrecho, corrí hacia la puerta principal, pero no llegué a tiempo.

Sacudiéndome del brazo, me arrojó contra la puerta y gruñó: "¿A dónde diablos crees que vas con tanta prisa?"

Me quedé muda.

"¡Respóndeme! ¿Con quién te vas a ver?"

No respondí.

"¡Respóndeme, putita!"

De algún lugar profundo dentro de mí, una voz feroz y áspera dijo:

"Pues si soy una puta, tú me hiciste así".

Anticipando el golpe, yo giré mi cuerpo y recibí el golpe dirigido a la cabeza en el hombro. Mi furia era tan grande que no sentí el dolor. El puñetazo lo desequilibró y dio un paso atrás. Esa era mi oportunidad. Abrí la puerta y huí a mi carro, asegurando las puertas. Lo puse en reversa y corrí a velocidad por la calle. Mirando por mi espejo retrovisor, lo vi parado afuera gritándome y yo me pregunté: *¿ A dónde voy a dormir esta noche?*

Mis manos temblaban en el volante, y mi furia era grande. No podía creer que finalmente me había enfrentado a mi padre y me preguntaba cuánto me iba a costar. Por el amor de Dios, ¿cómo es que mi mamá pueda quedarse con un hombre así? ¿Por qué ella no nos lleva a todos y hace que esta locura se termine? ¿Era ella realmente ignorante al abuso que yo estaba aguantando? Manejé hasta la entrada de los empleados y esperé a que ella saliera de la tienda.

Cuando entró en el carro, vio mis lágrimas y se dio cuenta que yo estaba muy molesta.

"¿Qué pasó? ¿Qué pasa?", preguntó con preocupación.

"Mi papá me llamó puta. ¡Lo odio, lo odio! ¿Por qué te quedas? ¿Por qué no me puedes ayudar?" Lloré.

Con voz mansa y tranquila, ella me preguntó: "¿Te refieres cuando él juega contigo?"

Me quedé atónita en silencio. El pecho me dolió. No podía respirar.

En su suave lenguaje corriente, ella mencionó las palabras *jugar con* para referirse al abuso sexual que yo había sufrido durante casi quince años.

Ella lo sabía.

Mi último progenitor me había abandonado. ¿Qué debía hacer ahora?

Lee y medita

No tengas miedo, porque yo estoy contigo; no te desalientes, porque yo soy tu Dios. Te daré fuerzas y te ayudaré; te sostendré con mi mano derecha victoriosa.

Isaías 41:10 NTV

Escuchar

"He Will Hold Me Fast" (Él me Abrazará Fuerte) por Keith y Kristyn Getty

"10,000 Reasons (Bendice al Señor)" por Matt Redman

No está dentro de nuestro poder colocar las enseñanzas divinas directamente en el corazón de otra persona. Todo lo que podemos hacer es colocarlas en la superficie del corazón para que cuando el corazón se rompa caigan adentro.

—DICHO JASÍDICO

Capítulo 7

Un Fracaso Amoroso

Yo no vi mi próxima graduación de la preparatoria como un día de celebración, sino como un día de escape. Mi mamá estaba planeando mi recepción de graduación que se llevaría a cabo en nuestra casa. Todos nuestros amigos y familiares sabían que ella prepararía una deliciosa comida, incluyendo algunos de nuestros postres libaneses como su famoso baklava. Les serviríamos las deliciosas mentas dulces con sabor a queso crema y a menta hechos en casa. Y, por supuesto, ella haría el trabajo extra para personalizarlos en forma de diplomas y birretes en los colores morado y dorado de mi escuela. Mi mamá hizo unos hermosos bizcochos, completos con glaseado de crema de mantequilla, y rosas de glaseado rígido, hechas a mano, agregándole hermosas enredaderas y hojas para completar la imagen.

Yo no quería tener nada que ver con la fiesta. Para mí, era otra oportunidad para que nuestra familia mantuviera la apariencia de un hogar feliz y saludable. Yo estaba harta de las mentiras.

Pero yo también era una mentirosa. Le mentí a mis padres durante semanas para obtener permiso para poder pasar la noche en la casa de una amiga que estaba organizando una fiesta de toda la noche para varios compañeros de clase. Con esa mentira, me presentaría en mi recepción, pero me iría temprano para pasar la noche en el apartamento de mi novio. Estaba alocada de emoción. Después de salir durante más de un año, yo deseaba que llegara nuestro primer desayuno juntos. Estaba tan segura de que esta relación sería el escape de mi casa.

Me fui de mi recepción a las diez en punto dejando atrás a una madre furiosa y a los invitados ofendidos, uno de los cuales era mi primo. Él había venido de fuera del estado para compartir mi evento especial.

Yo me sentía muy adulta y emocionada mientras mi novio y yo caminábamos por los pasillos del supermercado escogiendo nuestras comidas favoritas para el desayuno. Estaba viviendo en un sueño pensando cómo esta sería mi vida durante muchos años. Aunque el vínculo de nuestra relación estaba marcado por el aborto de nuestro bebé, yo confiaba en que tendríamos más hijos y viviríamos una vida maravillosa juntos.

Los científicos dicen que debido a los fuertes químicos hormonales en las mentes y en los cuerpos de los adolescentes, los apegos románticos son especialmente fuertes. Hay ciencia real detrás del dicho "Nunca olvidas a tu primer amor". Es una razón por la que tantas relaciones se reavivan en las reuniones de la preparatoria. Yo ciertamente creía que nuestra relación duraría para siempre. Estaba desesperada por amor y aceptación.

Sin embargo, a la mañana siguiente, después del desayuno y hacer el amor, escuché esto.

"Ya terminé con esto".

"¿Qué es esto?"

"Tú. No voy a andar más contigo".

"¿Qué estás diciendo? ¡No puedes decirlo en serio! ¡Acabas de terminar de hacerme el amor! ¿Qué te pasa?"

"¿Qué me pasa? ¡Eres tú! ¡Estás loca! Todo lo que piensas es en el sexo. Todo lo que haces es quejarte de tus padres. Ya terminé con esto. No te quiero".

Y salió a su auto clásico y se fue a toda velocidad.

Yo estaba devastada, tan triste, sintiéndome abandonada y muy, muy avergonzada.

Lo que dijo era cierto. Yo era un desastre y él se merecía a alguien mejor. Pasé el año siguiente demostrándole que tenía razón mientras mi adicción sexual pasaba por una nueva ciudad de hombres mientras yo asistía a la escuela de enfermería.

En ese mismo otoño, después de la escuela de enfermería llegué a la casa para una visita de fin de semana. Yo estaba conduciendo muy tarde en la noche esperando a que mis padres se fueran a acostar para poder ir a dormir a la casa. Me sentía muy sola y triste, y mi mente se dirigió a mi novio antiguo. Yo todavía estaba profundamente enamorada de él y me preguntaba si había alguna posibilidad de que regresáramos. No había cambiado nada en mi vida, pero tal vez podría engañarlo para que pensara que lo había hecho. Manejé hasta su casa y toqué la puerta. La luz del porche se encendió y lo vi mirar detrás de la cortina.

Sonreí ampliamente y esperé. Él no sonrió, solo sacudió su cabeza lentamente. Parecía disgustado.

"Por favor, abre la puerta. Yo solo quiero hablar".

"Claro, ¿apareces a medianoche para 'solo hablar'?"

"Sí, lo prometo".

Me dejó entrar, pero no cerró la puerta.

"¿Qué quieres?", preguntó enojado.

"Quiero saber si volverías a salir conmigo. Te extraño muchísimo. Me esforzaré más para ser amable y no presionarte. Yo no quiero vivir más sin ti".

Él solo me miró fijamente.

"Por favor, di algo".

"Quédate aquí", dijo, y entró en el dormitorio.

Una adolescente estaba parada en la puerta con una de sus camisetas. Ella no dijo nada, solo me miró fijamente. La reconocí. Ella era un par de años más joven que yo y trabajaba en el mismo restaurante que nosotros. Era obvio que estaban en una relación.

Se acercó a un estante del armario y tomó una fotografía mía encuadrada. Era una de 8 x 10 que yo había hecho para su regalo de cumpleaños para que me recordara mientras yo estaba en la escuela de enfermería. Viéndola guardada en un estante, con una nueva mujer en su cama, y este encuentro enojado me dejó en claro que no estaba interesado en reavivar nuestro romance.

Al entregarme la foto, me dijo: "Sal y no vuelvas nunca más aquí".

Me fui llorando de humillación, tristeza y angustia. Una vez más, sabía que estaba siendo brutalmente honesto conmigo. Estaba muy, muy triste y sola. Manejé durante otra hora antes de ir a la casa de mis padres. Simplemente no podía enfrentar la posibilidad de que mi padre viniera detrás de mí después de este horrible evento.

No sabía a dónde acudir en busca de ayuda para cambiar la trayectoria de mi vida. Yo sabía lo que Dios esperaba de mí, y mi vergüenza era intensa. Regresé a la escuela a la mañana siguiente sin esperanza. Esta falta de esperanza fue el resultado de mi pecado, no porque Dios me hubiera abandonado. Tenía la costumbre de mentir para cubrir mis ausencias de la escuela cuando estaba cansada de una noche de parranda. Escondí la culpa y la vergüenza que sentía detrás de una fachada de felicidad tranquila. No podía formar amistades sanas con mujeres porque no quería que conocieran la verdadera yo. Me sentía superior a ellas porque sabía más sobre los hombres y sus necesidades.

Cada vez que tenía una relación sexual ilícita, el hombre se llevaba un pedazo de mi alma. El riesgo de enfermedades crecía con cada encuentro, sin mencionar otro embarazo. Me puse en situaciones peligrosas y aisladas en las que me trataron con falta de respeto, incluso a veces soportando daños físicos. Yo tomé estas decisiones; No fui obligada.

Como cristiana, me equivoqué al desobedecer los mandamientos de Dios de evitar el sexo fuera del matrimonio. Yo estaba cosechando las consecuencias de la vergüenza, la enfermedad, el dolor, la culpa, las malas calificaciones escolares y la pérdida de buenas amistades.

Cuando yo era niña, me memoricé el verso "pero Dios mostró el gran amor que nos tiene al enviar a Cristo a morir por nosotros cuando todavía éramos pecadores. (Romanos 5:8 NTV). Debido a que acepté a Cristo como mi salvador, pude reclamar la promesa en 1 Juan 1: 9 de que, si confesaba mis pecados a Él, Dios me perdonaría y me limpiaría de todos ellos.

En su libro, *Gentle and Lowly*, Dane Ortland[1] escribe que Dios nos ama "en términos de gracia y solo de gracia en desafío a lo que merecemos". Mientras construimos nuestras vidas sobre el orgullo propio, la gloria y el placer, cerramos nuestros oídos a Dios. "Fue entonces, en el horror vacío de esa existencia repugnante", Cristo murió por nosotros. Fue "una estrategia divina planeada desde la eternidad pasada *para enjuagar a los pecadores cubiertos y abrazarlos en su propio corazón a pesar de su intento retorcido de liberarse y limpiarse por su cuenta*" (énfasis añadido). Jesús nos amó lo suficiente como para morir pagando por nuestros pecados. En el momento de nuestra salvación, nos convertimos en una nueva persona ante los ojos de Dios, digna y amada. Cuando pecamos después de la salvación, no perdemos el amor de Dios, pero ciertamente disminuye nuestra relación con Él.

Yo no asistía a la iglesia ni pasaba tiempo leyendo mi Biblia. Yo dependía de mi salvación pasada y no estaba creciendo en mi fe o estaba con otros cristianos. Con mis sentimientos de vergüenza y de soledad, yo podría haber elegido aceptar el amor y el perdón de Dios y dejar mi vida de pecado. Había personas a mi alrededor que me ayudarían, y el Espíritu Santo me ayudaría a cambiar. Pero no pedí ayuda a Dios ni al hombre. Me sentía indigna de ayuda. En mi autodesprecio, creí las mentiras de Satanás, y no la verdad del amor de Dios.

---

1   Dane Ortland, Gentle and Lowly: The Heart of Christ for Sinners and Sufferers (*Gentle and Lowly: The Heart of Christ for Sinners and Sufferers*) (Wheaton, IL: Crossway/Good News Publishers, 2021), pág. 191.

Lee y medita

Y esa esperanza no acabará en desilusión. Pues sabemos con cuánta ternura nos ama Dios, porque nos ha dado el Espíritu Santo para llenar nuestro corazón con su amor.

Romanos 5:5 NTV

[14] Por lo tanto, ya que tenemos un gran Sumo Sacerdote que entró en el cielo, Jesús el Hijo de Dios, aferrémonos a lo que creemos. [15] Nuestro Sumo Sacerdote comprende nuestras debilidades, porque enfrentó todas y cada una de las pruebas que enfrentamos nosotros, sin embargo, él nunca pecó. [16] Así que acerquémonos con toda confianza al trono de la gracia de nuestro Dios. Allí recibiremos su misericordia y encontraremos la gracia que nos ayudará cuando más la necesitemos.

Hebreos 4:14-16 NTV

Escuchar

"Goodness of God" (Bondad de Dios) por Jenn Johnson (versión radiofónica)

"All My Hope" (Toda mi Esperanza) por David Crowder y Ed Cash

Hijo de Dios, le costaste demasiado a Cristo como para que te olvide.

—C.H. Spurgeon

Capítulo 8

De Mal en Peor

Una vez que entendí que mi madre estaba al tanto del abuso sexual que yo había sufrido toda mi vida, algo en mí se destrozó. Si ninguno de mis padres me iba a proteger, me distanciaría de ellos. Si no pudiera confiar en que otros me cuidaran, confiaría solo en mí misma.

Una vez más, no le diría a nadie cuál era mi situación para que pudieran ayudarme. Yo conocía a adultos y compañeros de clase que me habrían acogido si les hubiera confesado lo que estaba pasando en mi casa. La vergüenza y el secreto del abuso sexual me mantenían en una prisión de aislamiento y de soledad. Asumí que si la gente supiera el tipo de abuso del que había sido parte, me habrían rechazado, incluso me habrían culpado por dejar que continuara tanto tiempo. Después de todo, ahora tenía la edad suficiente para entender completamente lo inapropiado de la actividad sexual que mi padre seguía tratando de imponerme. Sin embargo, no hablaría de ello. Y el silencio me hizo sentir aún más sucia e indigna.

Mudarme a otra ciudad me sacó de la pesadilla que era mi casa. También me dio un nuevo lugar para buscar encuentros sexuales con hombres. Las parrandas regulares en los bares y los paseos por los clubs dieron como resultado aventuras de una noche con hombres cuyos nombres yo no sabía. El libertinaje, la enfermedad, la depresión y el disgusto por mi comportamiento se acumularon más y más dentro de mí.

Una noche después de otro encuentro sexual ilícito, me sentí abrumada por la culpa del pecado de mi comportamiento. Yo creía que Dios quería que viviera una vida que le agradara y me trajera felicidad y contentamiento. Sin embargo, mi estilo de vida de pecado me estaba causando depresión y tristeza porque no tenía relaciones saludables, amorosas y respetuosas en mi vida. Como dice el viejo dicho, estaba buscando el amor en todos los lugares equivocados. Debido a que no le pediría ayuda a alguien para hacer cambios, parecía que no había forma de salir de mi dolor. Gracias a Dios, no alivié mi dolor con drogas o alcohol. Yo no estaba enredada en esas adicciones.

Mientras conducía mi carro por la carretera hacia casa, aceleré a más de setenta millas por hora y tiré del volante hacia la zanja. Yo tenía la intención de estrellarme en uno de los postes de electricidad de la carretera y terminar con mi vida. Yo tenía que detener este dolor. Pero Dios tenía otro plan.

Levanté mis manos hacia el cielo y grité: "¡Dios, perdóname!" y esperé el impacto.

Milagrosamente, el volante se sacudió y el automóvil se desvió hacia la carretera.

Frené de golpe, deteniendo el auto en la orilla de la carretera, y me senté y temblé violentamente.

Metí la pata otra vez. Ni siquiera podía suicidarme.

Y sin embargo. . . Realmente creí que fue la mano de Dios la que arrojó el auto lejos del poste de electricidad. Si Él no estaba listo para que yo muriera, Él debía tener un plan para mi vida. Yo necesitaba un cambio drástico si iba a seguir otro estilo de vida. Y el cambio llegó rápidamente. Mi vida nocturna me impedía tener éxito en mi universidad y en mis clases de enfermería. Mi depresión estaba creando problemas relacionados con mis instructores y pacientes. Mis calificaciones no cumplían con los estándares mínimos para continuar mis estudios. Después de diecisiete meses, fui expulsada de la escuela de enfermería.

La directora de mi escuela de enfermería vio una gran promesa en mis habilidades de enfermera. Durante mi despido, ella me animó a controlar mi vida personal para poder volver a mis estudios. Me ofreció la oportunidad de volver a aplicar si volvía a tomar mis cursos de ciencias en otra universidad. Si obtenía altas calificaciones, ella consideraría una entrevista de readmisión en un año. Me rompió el corazón empacar mi auto y alejarme del dormitorio. Se terminó mi sueño de la infancia de ser enfermera registrada. No tenía a nadie a quien culpar sino a mí misma.

Por primera vez en muchos años, había hecho amistades con varias mujeres en mi clase y ahora también las había perdido. Yo las admiraba. Yo quería decirles por qué estaba tan destrozada, pero simplemente no podía encontrar las palabras.

Espero que puedas entender cuán desordenados estaban mis procesos de pensamiento en ese momento. Era más fácil para mí hablar de mis hazañas sexuales, actuando en realidad como una prostituta sin pago, que admitir que había sido víctima de un abuso sexual crónico. La adicción sexual era mi responsabilidad.

El abuso no lo fue. Pero las profundas cicatrices del abuso sexual me impidieron admitir lo que me había sucedido.

Cualquiera de estas mujeres me habría entendido y apoyado en mi recuperación. Varias eran seguidoras de Jesús y me habrían ayudado a volver a una vida saludable. Yo no les di la oportunidad de ayudarme.

Lee y medita

15 ¿No se dan cuenta de que sus cuerpos en realidad son miembros de Cristo? ¿Acaso un hombre debería tomar su cuerpo, que es parte de Cristo, y unirlo a una prostituta? ¡Jamás! 16 ¿Y no se dan cuenta de que, si un hombre se une a una prostituta, se hace un solo cuerpo con ella? Pues las Escrituras dicen: «Los dos se convierten en uno solo»[a]. 17 Pero la persona que se une al Señor es un solo espíritu con él.

18 ¡Huyan del pecado sexual! Ningún otro pecado afecta tanto el cuerpo como este, porque la inmoralidad sexual es un pecado contra el propio cuerpo. 19 ¿No se dan cuenta de que su cuerpo es el templo del Espíritu Santo, quien vive en ustedes y les fue dado por Dios? Ustedes no se pertenecen a sí mismos, 20 porque Dios los compró a un alto precio. Por lo tanto, honren a Dios con su cuerpo.

I Corintios 6:15-20 NTV

Escuchar

"Surrounded (Fight My Battles)"- Rodeado (Lucha mis Batallas)" por Michael W. Smith

"Rise Up (Lazarus)" - "Levántate (Lázaro)" por Caín

Si mencionas mi pasado, debes saber que Jesús retiró los cargos.

—Anónimo

Capítulo 9
Una Oportunidad para Cambiar

Yo opté por regresar a la casa de mis padres hasta que pudiera inscribirme en otra universidad. Dormía con una silla apoyada contra la puerta de mi habitación para mantener a mi papá fuera. Continué con mi hábito de evadir a mis padres. Mis hermanos menores vivían en casa y yo me puse a la disposición de ellos. Yo tomé un trabajo vendiendo zapatos en un centro comercial local durante dos meses. Luego me mudé a otra ciudad por un semestre para volver a tomar mis cursos de ciencias. Yo recibí la calificación más alta, me entrevistaron para la readmisión y comencé mi tercer año de la escuela de enfermería en el verano de 1975.

Ese año, comencé a salir con un hombre cuya familia era dueña de una gran corporación agrícola. Yo lo seduje y la actividad sexual se convirtió en una relación monógama, la cual efectivamente dejó mi peligroso estilo de vida de aventuras de una noche.

Eventualmente nos casamos, pero la actividad sexual que habíamos tenido mientras salíamos había interferido con nosotros de poder establecer una amistad fuerte y desarrollar una relación significativa.

En el momento en que se estaba planeando nuestra boda, se me hizo obvio que no toleraría que mi padre me acompañara al altar. No podía soportar ese tipo de fingimiento. Sin explicar la verdadera razón de mi plan, convencí a mis padres de que ambos caminarían conmigo, uno a cada lado. Así que una vez más, guardando las apariencias de la familia y robándome de un momento de felicidad en el día de mi boda.

Mi hábito de ocultar mi vergüenza y de aparentar ser adecuada para el público me costó mucho. Mi preocupación por los sentimientos de los demás opacó mis propias necesidades. Tú puedes pensar que la lealtad y la compasión por los demás son rasgos admirables, y estarías en lo cierto. Sin embargo, yo, los usé de una forma poco saludable. A menudo me sentía indigna de poner mis necesidades o deseos antes que las de otras personas, lo cual resultó en tanto fingimiento de que mi vida iba bien.

El estar casada me dio distancia de mis padres y el apoyo emocional que necesitaba para investigar cómo presentar cargos penales contra mi padre. El estatuto de limitaciones estaba llegando a su fin. Yo hablé del asunto con mi hermano menor, quien me pidió que no lo prosiguiera y yo acepté. Si no iba a hacer público mi problema y a obtener algo de justicia, yo iba a tener que encontrar paz.

En ese mismo momento, yo estaba esperando mi primer hijo (sin incluir el que aborté). Yo estaba aterrorizada de que yo iba a abusar sexualmente del niño. Yo no admití mis temores ante nadie, ni siquiera a mi esposo. Un día, mientras estaba sentada en mi máquina de coser remendando los jeans de trabajo de mi esposo, él pasó y me encontró llorando.

"¿Por qué estás llorando?", me preguntó sorprendido.

"¡Tengo miedo de tener este bebé!" Lloré.

"Bueno, lo vas a tener", dijo con severidad, y salió. Y ese fue el final del asunto. Él me sacudió de mi estado emocional y me regresó a la realidad. Mi egoísmo y el miedo a mi padre le habían costado la vida a mi primer hijo. Yo no iba a dejar que mis miedos afectaran la vida de mi segundo.

Yo hice una cita con un psicólogo cristiano y comencé el largo camino para sanar el trauma del abuso, la culpa del aborto y de la adicción sexual, y para prepararme para detener el ciclo de abuso sexual en nuestra familia. Una vez más, Dios intervino para calmar mis temores cuando nació mi hija en 1978.

Mi esposo y yo vivíamos en una casa rural en medio de miles de acres de cultivos. Poco después de mudarnos allí, yo comencé a experimentar problemas de salud por la sensibilidad a los productos químicos agrícolas. Dentro de cinco años, estaba sufriendo muchos síntomas de debilidad muscular, convulsiones y de gran fatiga. Yo me esforcé por participar en el cuidado de mi hogar y de mi familia. Estaba involucrada en muchas áreas de servicio en mi iglesia local, pero me sentía muy enferma la mayor parte del tiempo. Traté de compensar mi dolor físico, y el dolor del aislamiento en mi matrimonio, cuidando a los demás. Yo tenía buena intuición para observar cuándo otros tenían problemas, y yo disfrutaba tratando de resolverlos.

Un ejemplo es el de una familia en mi iglesia que perdió su hogar en un incendio. Yo organicé un lugar para que se quedaran y una recaudación de fondos en efectivo necesarios para reemplazar sus pertenencias. En otra ocasión, una pareja joven de misioneros se mudaba a un país extranjero. Me quedé despierta toda la noche ayudando a la joven mamá a ordenar sus pertenencias para seleccionar lo que necesitarían para los próximos varios años sin comprar en los Estados Unidos. Había proyectos y organizaciones más pequeñas en los cuales participar, pero el enfoque de mi vida eran otras personas. Me ayudó a sentirme necesitada y me dio actividades valiosas para pasar mi tiempo.

Mi esposo y yo estuvimos casados cuarenta años con muy poca intimidad emocional, intereses compartidos o actividades. En un momento dado me convencí de mi seducción y me disculpé por faltarle el respeto y comenzar nuestra relación de una manera poco saludable. Él no parecía entender mi punto de vista, pero eso no importó. Yo sentí que había limpiado mi conciencia y le pedí perdón. Yo creo que solo yo soy responsable de mi propia relación con Dios, no de cómo los demás se relacionan con Dios. Yo trato de llevar sin resentimientos el pecado y el arrepentimiento. Siendo imperfecta, yo oro muchas veces para una relación justa con Dios.

Lee y medita
17 Esto significa que todo el que pertenece a Cristo se ha convertido en una persona nueva. La vida antigua ha pasado; ¡una nueva vida ha comenzado!

2 Corintios 5:17 NTV

Escuchar
"Amazing Grace" (with a twist) ["Gracia Asombrosa" (con un cambio)] por The Sound
    "Holy Water" (Agua Bendita) por We the Kingdom

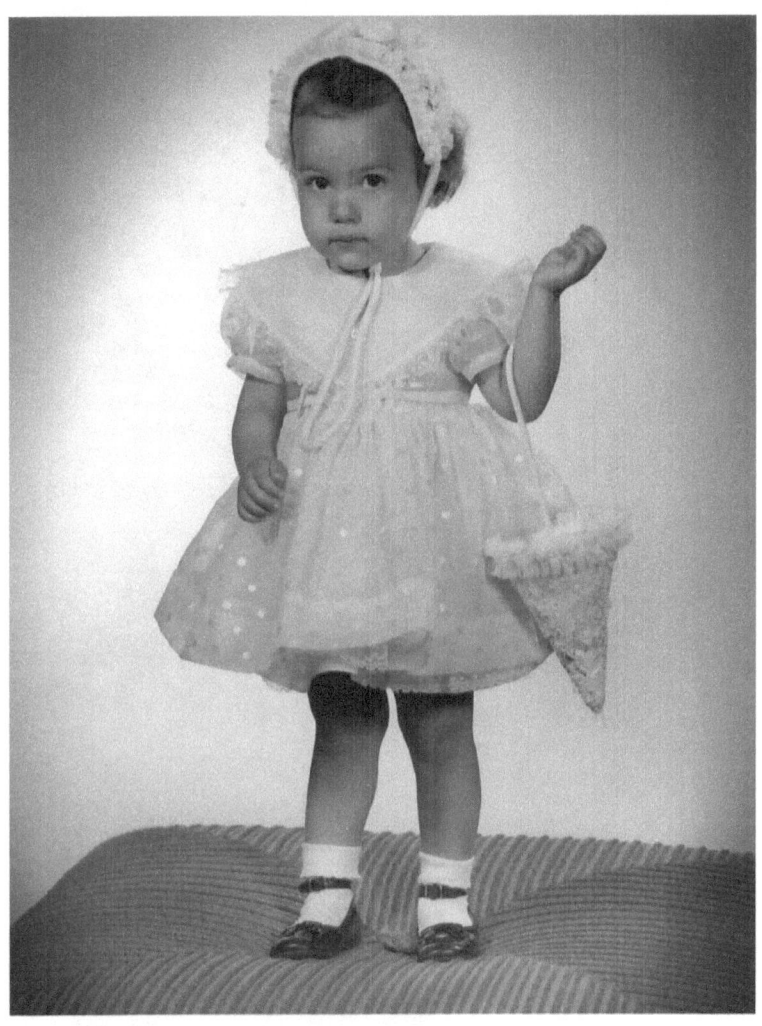

3 años

En la expresión del rostro de JoAnn a los tres años pueda que revele el abuso sexual que comenzó cuando era una niña pequeña.

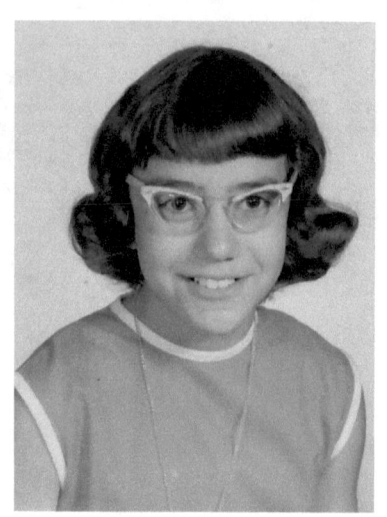

12 años

En esta fotografía en el sexto grado, JoAnn era la niña más pequeña de la clase hasta la pubertad a la edad de catorce.

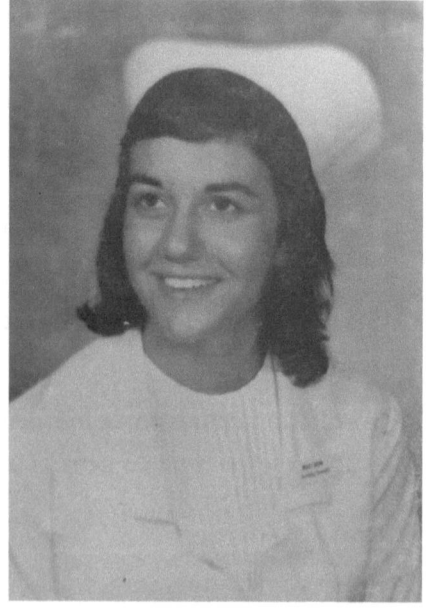

19 años
Recibiendo su gorra de estudiante de enfermería en 1974 a los diecinueve años fue un sueño hecho realidad para JoAnn.

Nellie
Antes de emigrar a los Estados Unidos, Nellie, de catorce años, estaba destinada a la educación superior en la Universidad de Beirut, Líbano. Sin embargo, las autoridades estadounidenses establecieron una serie de circunstancias que le impidieron completar la preparatoria hasta la edad de veintiún años, como se muestra aquí.

El Papá de JoAnn
Su servicio durante el Conflicto de Corea en el Ejército de los Estados Unidos desde 1951-1953 fue un motivo de gran orgullo. Él se casó con Nellie un mes después que se le dio de baja a los veintidós años.

El tiempo a solas con Dios y el estudio fiel de Su Palabra nos equipa y nos establece para que podamos mantenernos firmes cuando Satanás ataca nuestros pensamientos.

—KAY ARTHUR

Capítulo 10

Pensamientos de Suicidio

He estado al borde del suicidio tres veces. Me equivoqué al considerarlo sin recurrir a alguien en busca de ayuda. Sin embargo, fue la voluntad de Dios que yo no tuviera éxito de una sobredosis de tranquilizantes después de mi aborto. Yo sé que fue la mano de Dios la que sacudió el volante de mi auto para evitar que chocara contra un poste de luz después de una noche de angustia. Yo creo que Dios despertó a mi esposo para que me interrumpiera usando su escopeta para tratar de parar el dolor de enfrentar otra víspera de Año Nuevo sin esperanza de cambio.

Yo era una cristiana que creía en el poder y las promesas de Dios. Aún así, necesitaba un ser humano que pudiera ayudarme a poner en práctica todo lo que yo sabía de mis circunstancias y ayudarme a cambiarme a mí misma. Esa persona para mí ha sido un psicólogo cristiano.

Comprometerse a un asesoramiento profesional es una decisión importante. Solamente el gasto requiere una decisión firme para hacer tiempo para cada sesión y tomar tiempo de otras áreas de la vida para procesar lo que se es revelado. Una vez que la información psicológica y emocional profunda, o incluso oculta, se extrae de tu mente, debes hacer algo con ella. El hablar no es suficiente. Debe haber un reconocimiento del mal hecho o del dolor experimentado y cómo eso te hace sentir. Debes aceptar qué papel jugaste en esa situación, aunque seas tú la víctima. Es importante decir toda la verdad.

Tú debes decidir que cambiarás los comportamientos y los procesos de pensamiento que te llevaron al problema o te mantuvieron allí. Un consejero puede ayudar a identificar las mentiras que tú crees te tienen atrapado en la repetición de un ciclo de cualquier angustia o adicción con la que estés lidiando. Es importante hacer una promesa para serle responsable a otra persona que te ayudará a alcanzar tus metas.

Sanar es un trabajo duro. Nadie más puede hacerlo por ti. Solo Dios, a través del Espíritu Santo, puede empoderarte con la fuerza y la perseverancia necesarias para tener éxito. Tú no puedes sustituir la ayuda y la guía de Dios con otros esfuerzos terrenales: la bebida, las drogas, el sexo, el trabajo, el ejercicio, los juegos mentales, los videojuegos, la pornografía. Estas cosas llenarán tu tiempo, pero no el vacío en tu corazón y en tu mente.

La terapia y comprometerse a cambiar te llevarán a un lugar de salud y de sanación. Dedica tiempo a la oración regular y a leer la Biblia para que el Espíritu Santo tenga el vocabulario y la oportunidad de hablarte sobre tu vida. El memorizar versículos de la Biblia es especialmente importante. Encuentra varios que hablen claramente del amor y la aceptación de Dios hacia ti. Uno de mis favoritos es "10 En esto consiste el amor verdadero: no en que nosotros hayamos amado a Dios, sino en que él nos amó a nosotros y envió a su Hijo como sacrificio para quitar nuestros pecados." (1 Juan 4:10 NTV). Repítelos una y otra vez cuando tu mente esté dando vueltas por el desagüe de las viejas mentiras y del dolor. Ya no necesitas más quedarte en ese lugar difícil.

Tu esperanza de paz y alegría está en Dios. Esta paz y alegría no dependen de tus circunstancias, sino del poder de Dios y de las promesas de la Biblia. Nuestra mayor promesa es de ir al cielo cuando morimos, dejando atrás todos los desafíos y las pruebas de la tierra. El temor por morir no necesita existir en alguien que tiene fe en el Único Dios Verdadero y en todas Sus promesas. Hay tantas cosas en la vida peores que morir. Esto no es una excusa para el suicidio.

Dios ha determinado el número de días que viviremos, como escribió el salmista: "Me viste antes de que naciera. Cada día de mi vida estaba registrado en tu libro. Cada momento fue diseñado antes de que solo un día pasara" (Salmos 139:16 NTV). Si decidimos apresurar nuestro último día, seguramente perderemos el mejor plan de Dios para nosotros. El suicidio solo detendrá nuestro dolor, y yo creo que es el último acto egoísta que uno puede hacer, porque pensamos solo en nuestro propio dolor, y no en aquellos que se quedan atrás para lidiar con nuestra decisión. Ciertamente, que, si el suicidio es una de las mentiras con las que luchas, es hora de buscar ayuda profesional.

Yo tuve la maravillosa experiencia de ver una producción de Teatro "Sight and Sound Theater" (Visión y Sonido) en Lancaster, Pensilvania, sobre la vida de Jesús. En un momento de la obra, Jesús llamó a Pedro para que caminara hacia él en el Mar de Galilea. La historia se encuentra en Mateo 14:22–32. Pedro salió de la barca de madera sólida, sintió que el agua cubría sus sandalias, sintió que el viento tiraba de su túnica y él puso sus ojos en Jesús, su Mesías.

La magnificencia de superar las limitaciones físicas de la tierra debió haber sido maravillosa. Me puedo imaginar que Pedro estaba emocionado de haber sido elegido para este maravilloso milagro. Y entonces la Biblia dice: "Él vio el viento". Él apartó sus ojos de Jesús y se dio cuenta de lo que estaba sucediendo. Luego se hundió en el mar.

Mientras luchaba por nadar con su pesada túnica de lino, tratando de respirar otra vez, me puedo imaginar que estaba enojado. Enojado consigo mismo por creer que podía lograr algo como esto. Incluso puede haber estado enojado con Jesús por llamarlo. Él se estaba ahogando. ¿De qué servía ahora?

¿Puedes escuchar las mentiras de Satanás? Satanás no podía reclamar el alma de Pedro porque Pedro creía que Jesús era su Mesías. Pero si Satanás pudiera hacer que Pedro se ahogara, Pedro no le diría a nadie más las buenas nuevas de Jesús. Satanás habría ganado esa batalla.

Pero Pedro clamó: "¡Señor, sálvame!" Inmediatamente, Jesús se agachó a través del agua para agarrar la mano de Pedro y llevarlo a un lugar seguro en la barca.

¿Entiendes cómo esta historia se aplica a tu vida? Cualquier viento, olas o agua que te rodee con un trauma, de dolor, de enfermedad o de miedo, provienen de un mundo pecaminoso lleno de mentiras y engaño de Satanás. No necesitan vencerte. Jesús te alcanzará y te pondrá en tierra firme. Sólo necesitas pedir, clamar, orar. Él te ama. Él siempre está contigo, como escribió Josué, «Mi mandato es: «¡Sé fuerte y valiente! No tengas miedo ni te desanimes, porque el Señor tu Dios está contigo dondequiera que vayas». (Josué 1:9 NTV).

Si entregamos nuestras vidas por suicidio, sólo Satanás gana. Ya no podremos cumplir nuestra misión de servir a Dios y contarles a otros del perdón de los pecados que se encuentra en el sacrificio de Jesús. Todo el mundo tiene dolor y tristeza. En Juan 16:33 Jesús nos dice que es de esperarlo porque el mundo está lleno de maldad. Él promete que podremos tener paz en Él porque a través de Su resurrección Él venció toda la maldad en el mundo. Aquí es donde vive la esperanza, en el poder de Jesús.

Lee y medita

13 Por lo tanto, pónganse todas las piezas de la armadura de Dios para poder resistir al enemigo en el tiempo del mal. Así, después de la batalla, todavía seguirán de pie, firmes.

(Efesios 6:13 NTV)

Escuchar

"I Speak Jesus" ("Hablo Jesús") por Charity Gayle
   "Promises" ("Promesas") por Maverick City Music

Mientras practicamos la obra del perdón, descubrimos cada vez más que el perdón y la sanación son uno.

—Agnes Sanford

La vida vivida sin perdón se convierte en una prisión.

—William Arthur Ward

Capítulo 11

Perdonar, No Olvidar

Hice el viaje de cuarenta y cinco minutos para ver a mi psicólogo cristiano casi todas las semanas durante mi embarazo. Yo trabajé el turno de la tarde en cuidados coronarios e intensivos en un hospital cercano. Dedicar el tiempo para las citas requirió esfuerzo, pero yo me comprometí a estar más estable emocionalmente antes de dar a luz. Yo sabía que la depresión del posparto era posible y no quería estar en medio de una crisis de sanación, aparte de la tensión de un nuevo bebé.

Yo quería tener una conversación supervisada con mi papá sobre el abuso. Mi consejero estuvo de acuerdo en que tal conversación me ayudaría a darme la validación que necesitaba para avanzar en mi proceso de sanación. Cuando yo llamé a mi papá y le pedí que asistiera a una cita conmigo, él estuvo de acuerdo. Sin embargo, cuando el día llegó, él no se presentó. Mi consejero llamó para preguntar dónde estaba y le dijeron que algo surgió y que no iba a poder llegar. Yo había estado bastante ansiosa para enfrentarme a mi papá. Estaba muy molesta de no poder seguir adelante con el plan. Me sentí rechazada, irrespetada y enojada, una emoción que aún no me había permitido exhibir.

Al darme cuenta de que mostrar mi enojo era un avance importante, mi consejero me preguntó si yo participaría en una herramienta de asesoramiento específica llamada juego de roles. Él explicó que los dos nos sentaríamos en una habitación con una silla vacía. Yo me pararía en frente de la silla e imaginaría a mi papá sentado allí. Me imaginaría atarlo a la silla con un lazo para que él no pudiera salir del cuarto. Y entonces yo le contaría todas las cosas que yo había mantenido reprimidas toda mi vida.

Yo no recuerdo las palabras exactas que usé para decirle a mi "papá" cómo el abuso me había lastimado. Yo quería que él supiera que se había equivocado al usarme para tener relaciones sexuales cuando él tenía una esposa para satisfacerle sus necesidades. Él era un hombre enfermo por mantener eso durante tantos años. Él era malo por amenazarme con lastimarme o decirles a otros lo que él estaba haciendo si yo no guardaba el secreto. Me acusó de ser una puta cuando fue él quien había encendido el fuego ardiente del deseo en mi joven cuerpo.

Yo estaba especialmente enojada porque me obligó a abortar. Me estaba ahogando de culpa por haber aceptado a abortar a mi hijo. El bebé no merecía morir por mi pecado. Yo podría culpar a mi papá por insistirlo, pero soy yo la que se acostó en la mesa de cirugía. Y también para él ni siquiera aceptar la humanidad del feto fue otro insulto. Yo grité y lloré durante muchos minutos, luego me caí débilmente al suelo. Tanto dolor, tanta tristeza, tanta ira y odio. Yo quería liberarme de todo eso.

Terminada, débil, sin aliento, tratando de controlar mi llanto. Mi consejero sacó una bandeja de elementos de comunión y me invitó a sentarme con él. Antes de comer la galleta pequeña y de beber la pequeña taza de jugo, oramos juntos. Él oró para que Dios usara esta sesión para liberarme del dolor y la vergüenza del pasado. Que yo aceptara la obra de la muerte de Cristo en la cruz como el pago por mis pecados de permanecer en silencio durante el abuso y de vivir una vida de promiscuidad sexual. Confesé mi complicidad en el aborto. Oré con muchas lágrimas de remordimiento y arrepentimiento, que luego se convirtieron en alegría. Yo creo haber sido perdonada. Yo creo que mi Padre celestial me amaba incondicionalmente. Ya no necesitaba lamentar más por el abuso de mi padre biológico. Dejé esa fea experiencia en el abismo del infierno donde se originó. Yo no necesitaba lamentar la muerte de mi bebé que estaba a salvo en el cielo.

Siempre estaré agradecida por la sabiduría y la guía de mi psicólogo. Llegué a un nivel importante de sanación ese día. Me perdoné a mí misma y planeé dejar ya de cargar con mi culpa. A pesar de que no tuve la conclusión de escuchar a mi papá disculparse por el abuso, yo decidí perdonarlo.

Muchas veces, era difícil estar cerca de mi papá, pero con la ayuda de Dios me comporté de manera respetuosa. Si experimentaba sentimientos de enfermedad física o de ansiedad a su alrededor, yo me iba y lidiaba con eso. Al final de su vida, pude tomar la iniciativa en su cuidado de ancianos y me aseguré de que él estuviera seguro y recibiera la atención médica adecuada. Sólo la gracia de Dios hizo posible mi comportamiento. Yo no me olvidé de lo que mi papá me había hecho, yo lo perdoné por lo que hizo. Si yo no lo hubiera hecho, mi vida habría sido arruinada por mí, no por él.

Esta es la clase de sanación que puedes tener cuando confías en Dios para que sane tu dolor y te dé fuerza para que te comportes de una manera saludable.

Ahora yo esperé el nacimiento de mi hijo con más emoción y felicidad de la que me había permitido sentir antes. Tenía más confianza en que sería una mejor madre sin la carga emocional que había llevado toda mi vida.

Lee y medita

14 »Si perdonas a los que pecan contra ti, tu Padre celestial te perdonará a ti; 15 pero si te niegas a perdonar a los demás, tu Padre no perdonará tus pecados.

Mateo 6:14–15 NTV

Escuchar

"Forgiveness" ("Perdón") por Matthew West

"Burn the Ships" (Quemar los Barcos) por For King and Country

No se necesita mucha fuerza para aguantar. Se necesita mucha fuerza para dejarlo ir.

—J.C. Watts

Capítulo 12

La Niña en el Armario

La vida abusiva y llena de estrés que viví cuando yo era niña formó mi visión del mundo, y yo desarrollé maneras únicas de pensamiento para retenerlas. Yo conocía el funcionamiento diario de nuestra casa y aprendí formas de sobrevivir dentro y fuera de ella.

Un ejemplo es la manera en que dejé que los chicos experimentaran conmigo sexualmente. Yo había aprendido que si haces cosas con personas sexualmente, les agradarás. Yo sabía cómo identificarme de esa manera. Pensé que era normal. Pero dentro de mi espíritu, me sentía mal, y anhelaba liberarme de la ansiedad y de la vergüenza. Yo usé muchos comportamientos y personalidades para ayudarme a sobrellevar la situación.

- Algunos días en la escuela, después de una noche de abuso, estaba inusualmente callada y evitaba a la gente.
- Otros días, yo actuaba como el payaso de la clase buscando atención y afirmación.

- Algunos días, no andaba con rodeos para coquetear y experimentar físicamente con los chicos.

- Otros días, me escondía detrás de mi cama para evitar que los chicos me espiaran por la ventana.

- Cuando un episodio de abuso era especialmente malo, mi mente se dividía. Dejaba mi cuerpo en la cama y mi mente se sentaba dentro del armario de mi habitación. La niña dentro del armario espiaba por la rendija de la puerta esperando que terminara el horror.

Yo estaba experimentando disonancia cognitiva. Los procesos de pensamiento opuestos se desarrollan en una situación estresante. Te das cuenta de que algo está mal, pero no puedes detenerlo o cambiarlo. Tú haces gimnasia mental para que toda la experiencia encaje en tu mente. Tu mente se divide en diferentes compartimentos, y puedes escapar en uno para ayudar a lidiar con el trauma.

En su libro, *"Help for the Fractured Soul"*, Candyce Roberts escribe que muchos sobrevivientes de trauma se sienten desconectados de Dios a pesar de una fe profunda. Ellos temen que, si se abren a Él y le piden ayuda, Él revelará algo horrible que ellos no quieren enfrentar.

"Cuando una persona sentada frente a ti dice que quiere experimentar la presencia del Padre, lo dice en serio; sin embargo, los fragmentos de su personalidad *no* quieren experimentar la presencia de Dios. Una parte fragmentada de la persona es generalmente responsable de este tipo de bloqueo. Una personalidad específica está resistiéndose a Dios y defendiendo una mentira".

A los catorce años, yo anhelaba experimentar la presencia de Dios y dibujaba sobre eso en la pared de mi habitación. Yo pinté una pared de un hermoso color azul real, después pinté una paloma blanca de cinco pies de largo. Allí al lado escribí el deseo de mi corazón en las palabras del rey David: "[23]Examíname, oh Dios, y conoce mi corazón; pruébame y conoce los pensamientos que me inquietan. [24]Señálame cualquier cosa en mí que te ofenda y guíame por el camino de la vida eterna." (Salmos 139:23-24 NTV).

El malvado abuso que me hicieron no fue mi responsabilidad, pero mi actividad sexual sí lo fue, y yo estaba avergonzada. Pedí perdón, pero eso no detuvo el pecado. Mientras yo siguiera siendo la niña en el armario y no le pidiera a un adulto que me ayudara a escapar del abuso, no iba a encontrar ayuda para mi adicción sexual o mi vergüenza.

Muchos años después, la niña en el armario creció y quería contar la verdad. Me reuní con un psicólogo cristiano. Mi consejero me mostró una ilustración en la pizarra blanca de su oficina. Él dibujó un cementerio con varias lápidas esparcidas. Debajo de cada lápida había un ataúd.

El cementerio era mi vida, las lápidas marcaban los eventos de mi vida, y cada ataúd era un recuerdo. Yo necesitaría abrir el ataúd y enfrentar lo que había dentro. Yo necesitaría hacer ese trabajo difícil si quería estar libre de cualquier influencia que ese recuerdo tuviera sobre mí.

Yo estoy agradecida de que mi consejero reconociera que yo me estaba protegiendo con varios fragmentos de personalidad. Él me aseguró que cualquier cosa que el ataúd contuviera, él no me iba a juzgar, él me creería, y él oraría conmigo para reconciliar esa memoria en mi mente. Ya no tendría control sobre mí.

Me tomó un par de semanas de oración y de hablar conmigo misma para agarrar el valor de volver al consejero y de admitir que yo quería ver la verdad. Yo ya había vivido esas experiencias la primera vez; iba a sobrevivir esos recuerdos otra vez.

Ese día abrimos varios ataúdes. Los recuerdos eran oscuros, feos, retorcidos, tristes. Se necesitaron muchas lágrimas y fuertes gritos de odio y de súplicas de misericordia para superar esa prueba. Le clamé a Dios para que detuviera el poder que el abuso tenía sobre mi mente. Yo oré por el perdón de todos mis pecados, especialmente los de comportamientos sexuales.

Pero eventualmente, me quedé callada y estaba sonriendo de oreja a oreja. Yo me había enfrentado a mi pasado y había conquistado varias piezas dolorosas de ese pasado. Yo estaba orgullosa de mí misma. Yo fui valiente. Yo fui fuerte. Fui perdonada. Y tuve un nuevo nivel de alegría.

La niña finalmente pudo salir del armario. Ella estaba a salvo.

Una vez más, fue por la gracia y la misericordia de Dios que yo no renuncié a obedecer a Dios y seguí orando por fortaleza para sanar y para cambiar. Hubo muchas consecuencias de mi abuso y de mi pecado. Dios estaba afligido por mi pecado y el dolor que me causó. Pero Él nunca dejó de amarme. Yo creo así como Corrie ten Boom, que "no hay pozo de maldad tan profundo que el amor de Dios no sea aún más profundo".

15 Nuestro Sumo Sacerdote comprende nuestras debilidades, porque enfrentó todas y cada una de las pruebas que enfrentamos nosotros, sin embargo, él nunca pecó. 16 Así que acerquémonos con toda confianza al trono de la gracia de

nuestro Dios. Allí recibiremos su misericordia y encontraremos la gracia que nos ayudará cuando más la necesitemos.

Hebreos 4:15–16 NTV

Lee y medita

¡Oh, qué alegría para aquellos a quienes se les perdona la desobediencia, a quienes se les cubre su pecado!

² Sí, ¡qué alegría para aquellos a quienes el Señor les borró la culpa[b] de su cuenta, los que llevan una vida de total transparencia!

³ Mientras me negué a confesar mi pecado, mi cuerpo se consumió, y gemía todo el día.

⁴ Día y noche tu mano de disciplina pesaba sobre mí; mi fuerza se evaporó como agua al calor del verano.

Interludio

⁵ Finalmente te confesé todos mis pecados y ya no intenté ocultar mi culpa. Me dije: «Le confesaré mis rebeliones al Señor», ¡y tú me perdonaste! Toda mi culpa desapareció. *Interludio*

⁶ Por lo tanto, que todos los justos oren a ti, mientras aún haya tiempo, para que no se ahoguen en las desbordantes aguas del juicio.

Salmos 37:1-6 NTV

Escuchar

"Word of God Speak" ("Palabra de Dios habla") por Mercy Me
     "There Was Jesus" ("Ahí estaba Jesús") por Zach Williams
y Dolly Parton

Si alguien entiende el fervor de Dios por Sus hijos, es alguien que ha rescatado a un huérfano de la desesperación, porque eso es lo que Dios ha hecho por nosotros. Dios te ha adoptado. Dios te buscó, te encontró, firmó los papeles y te llevó a tu hogar.

—MAX LUCADO

Capítulo 13

La Preparación

El uso sexual de los niños como yo por parte de los adultos crea una sensación de inquietud, de ansiedad, de vergüenza y una sensación de que algo no está bien. Nuestra conciencia activa un radar interno cuando sentimos que estamos en una mala situación. Algo está mal. Los adultos nos están mintiendo. Y por lo general, también causan el dolor físico.

Todas estas reacciones y otras son inherentes al corazón y a la mente humana porque Dios nos ha diseñado para una experiencia sexual pura con una persona del sexo opuesto y de una edad apropiada mientras estamos casados. Él nos dijo que evitáramos las experiencias sexuales y los de la cama fuera del compromiso matrimonial porque sabía que cualquier otra experiencia sexual nos cargaría de tristeza y de vergüenza. Él no quiere decir que nos quedemos sin el placer del sexo. Él quiere protegernos de su mal uso.

Estas mala ondas que los niños experimentan durante una experimentación sexual o un abuso sexual hacen que el abusador busque formas de evitar de los sentimientos propios. Estas técnicas se llaman preparación y significa que el abusador le mostrará o le hará cosas sexuales al niño para "prepararlo" a cooperar.

Aquí hay algunos ejemplos de lo que yo experimenté. Yo era una niña linda, de piel oliva, cabello castaño rizado y de ojos marrones. Me gustaba la música y podía cantar y bailar de una manera que los adultos encontraban entretenida. Mi artista favorito era Elvis Presley. Cuando mi papá tenía hombres que visitaban nuestra casa, él me paraba en la mesa de la sala, ponía un disco de vinilo y me decía que bailara y que cantara. Por supuesto, a mí me encantaba la atención. Yo era una niñita. Aparentemente, ese comportamiento excitaba a mi papá, porque me ponía en su regazo y me frotaba contra su cuerpo para su propio placer. Él me abrazaba con fuerza si yo trataba de huir.

Cuando yo estaba enferma con tos o resfriado, él frotaba el ungüento de Vicks VapoRub en mi pequeño pecho prestándole más atención a mis pezones chiquitos.

Yo tenía un oso de peluche favorito, probablemente de quince pulgadas de alto. Mi papá lo frotó contra mi cuerpo enseñándome a masturbarme.

En la primaria, me dijeron que arreglara la ropa en el tocador de mis padres. Yo encontré una revista pornográfica y se la llevé a mi mamá. Ella se la tiró a mi papá y me dijo que terminara con el trabajo. Más tarde esa noche, mi papá trajo la revista a mi cuarto y usó mis manos para imitar algunas de las fotos. Yo me alejaba y le decía basta. Él me tapaba la boca y me decía que me callara.

Una vez mi familia hizo un viaje en el carro de veinte horas. Nos detuvimos solo por gasolina. Nosotros los tres niños dormimos en el asiento trasero, en la ventana y en el piso del carro. Mi mamá dormía la mayor parte del tiempo en los viajes de carro. Nosotros bromeábamos de que ninguno de nosotros podía soportar escuchar la música country western en la radio. Yo llegué a odiarlo todo, excepto por Charlie Pride.

Mi papá no confiaba en que mi mamá manejara, por lo que le costaba mantenerse despierto durante esas horas largas. En medio de la noche, se dio cuenta de que yo me había despertado. "Ven aquí y ayúdame a conducir y mantenerme despierto". Yo como niña de diez años pensé que eso sonaba emocionante. Una vez que me colocó en su regazo y mis manos en el volante, comenzó a acariciarme. Si yo trataba de apartar sus manos, el auto se desviaba y en seguida decía: "¡Mira la carretera!"

Yo estaba atrapada. Yo no quería despertar a mi familia; todos estábamos cansados del largo viaje. Yo lloré en silencio y esperé a que él estuviera satisfecho.

"Vuelve allá", se burló, mientras me empujaba de su regazo. ¿Qué hice mal? Dije en mi mente. Yo estaba confundida. Yo le dejaba hacer lo que él quisiera, aunque me dolía y me hacía sentir mal. Sin embargo, ahora él actuaba enojado, como si fuera mi culpa.

Esta confusión es un arma poderosa de un abusador. Va junto con las amenazas de lastimarme peor si les cuento a otros sobre el abuso. Las promesas de regalos o de golosinas se utilizan como carnadas para agarrar a los niños solos para que el abuso tome lugar.

La parte horrible de la preparación es que el niño abusado comienza a experimentar la respuesta física que Dios diseñó en nuestros cuerpos para producir hijos y desarrollar intimidad en un matrimonio. Por supuesto, hay parte de placer en la excitación; es una reacción física normal. Sin embargo, esta reacción causa una terrible tristeza y una confusión en un niño. En nuestra mente, sabemos que absolutamente no deberíamos estar disfrutando de este comportamiento abusivo, y, sin embargo, ocurre una reacción involuntaria. Y el abusador usará esa reacción involuntaria para probar que el niño "lo quiere" para justificar su uso pervertido en una víctima que no coopera.

Vuelve a revisar los ejemplos de preparación anteriores y observa los comportamientos confusos que ocurrieron. Con cualquier experiencia buena venía una mala.

- Bailar para los hombres trajo una atención positiva y un abuso sexual
- Ser consolada mientras estás enferma se convirtió en abuso
- Tener un juguete favorito fue contaminado por un comportamiento sexual inapropiado
- Dada la oportunidad de una experiencia emocionante y adulta de conducir un carro se convirtió en un encuentro sexual.

Este ir y venir en mi vida me marcó durante décadas. Si sucedía algo bueno, yo sentía una anticipación nerviosa por lo malo que iba a seguir. Con los problemas emocionales que yo tenía, no pasó mucho tiempo para que apareciera lo malo.

Mi conflicto emocional llegó a ser representado en una imagen. A lo largo de mi niñez, una gran imagen de Jesús el Buen Pastor colgaba en la pared de mi habitación. Era una escena pastoral tradicional, con un pequeño arroyo en el fondo y un rebaño de ovejas blancas pastando en el pasto verde bajo un cielo azul brillante. Jesús estaba en el centro de toda esa belleza sosteniendo un pequeño cordero en Sus brazos, Su expresión era de paz y de amor.

Yo supe instintivamente que Jesús me estaba ofreciendo el mismo consuelo y cuidado que recibió el cordero. Yo creía que Jesús era el Hijo de Dios que tenía gran fuerza y poder, todo un conocimiento y entendimiento, capaz de satisfacer todas mis necesidades físicas, y reconocer mi dolor emocional. Yo creía que Él podía verme y que estaba interesado en todo lo que yo hacía.

Contrariamente, me sentí avergonzada y entristecida al saber que Él estaba observando cuando ocurría la manera equivocada de un comportamiento sexual. Yo no pensé que Él estaba enojado o que me castigaría. Yo sabía que Él estaba triste por mi abuso. La Biblia incluso nos da la opinión de Jesús sobre las personas que lastiman a los niños. En Mateo 18:5 Jesús dijo que era mejor atar una carga pesada alrededor de su cuello y dejarlos caer al mar para ahogarse. Yo creía que mi abusador eventualmente sería castigado.

Una vez más, yo sentí los aspectos positivos del amor y el cuidado de Dios, mientras que al mismo tiempo sentía vergüenza y tristeza por decepcionarlo a Él. Debido a que no le contaría a un adulto sobre el abuso, no tenía una mente adulta para ayudarme a procesar mi confusión y decir la verdad en mi mente.

Sin embargo, fue mi fe la que me mantuvo lo suficientemente fuerte como para funcionar con éxito fuera de mi hogar. Mi fe me llevó hasta la edad adulta hasta que yo pude obtener la ayuda que necesitaba para sanar de los muchos años de abuso y de mi estilo subsecuente de vida pecaminoso de sexo promiscuo.

✦———⊶⊙⊷———✦

Lee y medita

14 Pero Jesús les dijo: «Dejen que los niños vengan a mí. ¡No los detengan! Pues el reino del cielo pertenece a los que son como estos niños».

Mateo 19:14 NTV

Escuchar

"Rescue" (Rescate) por Lauren Daigle

    "I Will Wait for You (Psalm 130)" "Te Esperaré (Salmo 130)" por Keith y Kristyn Getty

Pasa tiempo con Jesucristo y permítele erradicar tus marcas e inundarte de audacia y confianza, cultivando tu carácter para moverte con confidencia en tus habilidades y dones.

—TEZ BROOKS

Capítulo 14
Sólo Hay Dos Sexos

La Biblia es clara en el comienzo de la humanidad: "²⁷Así que Dios creó a los seres humanos a su propia imagen. A imagen de Dios los creó; hombre y mujer los creó". (Génesis 1:27 NTV). Dios creó sólo dos géneros, el masculino y el femenino. Eso no cambia con los sentimientos personales o las normas sociales. Es un abuso infantil el estar de acuerdo con querer que un niño sea identificado con un sexo distinto al de su sexo biológico. El impulso actual para la educación sexual explícita de la edad de los tres a trece años es un método de preparación. La intención es convencer a un niño que acepte un pensamiento o una acción no saludable con respecto al comportamiento sexual. Los niños están siendo insensibilizados a un comportamiento aberrante.

Sólo por un momento, considera la campaña actual para incluir educación sexual explícita en las escuelas primarias con respecto a la cultura LGBTQ. Estos materiales podrían conducir fácilmente a un interés en sitios web pornográficos. Esta visualización puede volverse adictiva muy rápidamente con resultados nefastos. Un régimen constante de una presentación de múltiples parejas, del bondage y de otras acciones puede atraer fácilmente a una persona a que obligue a alguien para que las imite, incluso hasta el punto de la violación. No necesitamos más abusadores.

Paul Batura lo explica de esta manera, "De hecho, aunque los recuerdos puedan desvanecerse, no podremos "olvidarlo", especialmente cuando se trata de los años formativos de la infancia. Los científicos confirman que los cerebros jóvenes son mucho más moldeables que los de los adultos, incluso comparándolos con la plastilina. Lo que vemos y escuchamos cuando somos niños importa más de lo que la mayoría de la gente reconoce".[3]

Los asuntos sexuales son más seguros cuando son enseñados por un miembro de la familia que entiende el temperamento del niño y a un nivel de edad apropiado. El radar del que yo hablé anteriormente se activa cuando un niño ve las posiciones sexuales o las relaciones entre personas del mismo sexo en un sentido romántico. Eso me pasó cuando encontré la revista porno en la gaveta del tocador de mi papá. Esta es la conciencia ordenada por Dios para ayudar a advertir del peligro. La modestia natural entre los sexos que protegen el sexo prematrimonial se destroza. Algunos niños no pueden tolerar temas que les parecen molestos u ofensivos. Afectan al resto de sus estudios. Si las ilustraciones representan a niños en contexto sexual, ahora has agregado la presión social en cuanto a la toma de decisiones de un niño. Ningún niño quiere quedarse fuera del grupo, incluyendo a escoger un género diferente si varios niños a su alrededor lo están haciendo.

Los adultos deben guiar e instruir a los niños, no apoyar y promover su confusión o la necesidad de atención negativa. Es incorrecto y dañino. No funcionará en el mundo real, como se demostró en las recientes agresiones sexuales por parte de hombres transgénero que actúan como mujeres biológicas. El diseño de Dios de la sexualidad siempre gana. El abuso de otros para nuestro propio placer trae dolor cada vez. Debido al abuso sexual que yo experimenté, yo traté de actuar como un chico con esperanza que el abuso parara. Si me hubiera pasado en esta época actual, mi deseo de ser un chico hubiese sido apoyado. Qué terrible precio hubiese pagado si me hubiera cambiado a un papel masculino, e incluso al lesbianismo. Yo estoy agradecida de que eso no haya sucedido. Las políticas en las escuelas para apoyar a los niños que se cambian de identidad sexual son incorrectas. Los niños no tienen el conocimiento o la experiencia para entender la sexualidad humana. Guíalos hacia una mejor comprensión. No los animes a negar lo que Dios ha querido que sean. Su plan y sus mandamientos son sanos y verdaderos. Averigua cuál es la raíz de su confusión sexual. Tal vez sea un abuso sexual.

La mayor parte de la autoidentificación de género que ocurre hoy en día es un disfraz para participar en varios encuentros sexuales. Una vez que reemplazas una relación monógama entre un hombre y una mujer con cualquier otra, no hay límite a qué tipo de actividad que se practica. Por seguro que traerá un vacío y tristeza, las enfermedades y la desesperación. El Dr. James Dobson escribe en el libro *Children at Risk*, ". . . La estabilidad en la sociedad depende de la expresión saludable de nuestra naturaleza sexual. Si esta energía dentro de nosotros es desviada en la búsqueda del placer; si se desperdicia en relaciones no exclusivas; si se pervierte en las actividades entre personas del mismo sexo, entonces la cultura se ve privada de las unidades de trabajo, de ahorro, de sacrificio, de cuidado, de construcción, de crecimiento y de reproducción conocidas como las familias".

Si el celibato se practicara en cualquier otra relación fuera del matrimonio, nuestra cultura estaría menos quebranta y depravada. Una vez que las personas no controlen sus impulsos sexuales, no ocurrirá otra restricción personal. Yo lo sé, porque yo viví con una adicción sexual durante quince años, y es un precio terrible que pagar.

Por favor, investiga lo que la creencia en Jesucristo hará para transformar tus deseos. Tú puedes ser liberado de relaciones destructivas. La consejería psicológica puede investigar la raíz de tu deseo de ser diferente a como Dios te ha creado. Él no comete errores. Él tiene un plan significativo para tu vida y tiene el poder de ayudarte a lograrlo.

Lee y medita
Semejante conocimiento es demasiado maravilloso para mí; ¡es tan elevado que no puedo entenderlo! ¡Jamás podría escaparme de tu Espíritu! ¡Jamás podría huir de tu presencia! Si subo al cielo, allí estás tú; si desciendo a la tumba, allí estás tú.

Salmos 139:6–8 NTV

Escuchar
"You Say" (Tú Dices) por Lauren Daigle
    "Glorious Day" (Día Glorioso) por Casting Crowns

Ser creyente no te da inmunidad contra los ataques del enemigo, pero sí te da acceso al poder del Padre.

—Priscilla Shirer

Capítulo 15

Jesús El Más Poderoso

El efecto secundario más doloroso del abuso sexual infantil, en mi opinión, es la profunda vergüenza y la culpa que ocurre en el corazón y la mente de un niño. A pesar de que la actividad sexual puede comenzar a una edad tan temprana, el niño ni siquiera es capaz de verbalizar las palabras para describir las partes del cuerpo que están siendo abusadas, o incluso explicarle a alguien el dolor y la incomodidad que eso resulta, los sentimientos son muy fuertes.

Dios diseñó el sexo para que sea puro en una relación matrimonial. El abuso sexual infantil no fue el propósito de Dios. Nuestros cuerpos y mentes responden negativamente. Nos sentimos sucios, agotados, aprovechados, irrespetados y traicionados. La traición es especialmente profunda si nuestro abusador es un pariente o un amigo de confianza. Los mensajes contradictorios de su comportamiento, uno para proveer nuestras necesidades y para amarnos, el otro para lastimarnos físicamente y confundirnos emocional y mentalmente, traen sentimientos de ira. La ira contra el abusador por nuestro sufrimiento, el enojo hacia Dios por permitir el sufrimiento.

Pero Jesús mismo nos dijo que esperáramos sufrir en este mundo donde Satanás actualmente tiene un gran poder: "Les he dicho todo lo anterior para que en mí tengan paz. Aquí en el mundo tendrán muchas pruebas y tristezas; pero anímense, porque yo he vencido al mundo." (Juan 16:33 NTV).

Veamos en Marcos 5:1–20 (NTV) por un momento. Jesús y sus discípulos llegaron a la región de Gerasera. Aquí había un pequeño pueblo en la costa del Mar de Galilea habitado por personas no judías llamadas Gentiles. Esta área no había oído hablar de las curaciones, los milagros y las enseñanzas de Jesús sobre el reino de Dios. Entonces, cuando Jesús se encontró a un hombre con una legión de demonios que habitaba su cuerpo, los lugareños no estaban prestando atención. Pero los demonios sí.

Cuando Jesús se acercó al hombre, los demonios clamaron: *"Jesús, Hijo del Dios Altísimo, no me atormentes. No nos mandes a un lugar lejano. Mándanos a esos cerdos."*

Jesús supo que el nombre del demonio era Legión "porque había muchos". No sabemos con certeza si la palabra *legión* significaba una guarnición romana de 6,000 soldados, o simplemente de un gran número de demonios. De cualquier manera, ningún número de demonios era competencia para el único y verdadero Hijo de Dios. Según las tácticas habituales de Satanás, los demonios pensaron que podían escapar del juicio de Dios al llegar a un acuerdo con Jesús para enviarlos a vivir dentro de los cerdos.

Pero como es usual en el plan de Dios, Jesús envió a los cerdos poseídos por los demonios corriendo por una orilla empinada hacia el mar, y se ahogaron. Dios siempre vencerá a Satanás y a sus demonios.

Antes que descartes este evento como una historia tonta, considera esta información arqueológica. El antiguo pueblo de Gerasa es hoy en día el moderno Khersa en Israel. Aproximadamente a una milla al sur de Khersa hay una pendiente empinada a unas cuarenta yardas de la orilla del Mar de Galilea. Como a dos millas de allí hay tumbas de cavernas que parecen haber sido utilizadas como viviendas. Estos hechos encajan con los eventos de la curación demoníaca en el capítulo cinco de Marcos. Yo tengo fe en que la Biblia es verdadera. Estos hechos, sin embargo, deberían añadir a tu entendimiento.

Sí, es el poder y la influencia de Satanás lo que tienta a las personas a abusar de los niños. Y sí, nosotros los niños sufrimos bajo el abuso, a menudo orando para que Dios nos libere de esta actividad demoníaca.

Nosotros no entendemos por qué Dios no detiene el abuso. Pero siempre podemos creer que Dios es más poderoso que nuestro abusador y que Él nos ayudará mediante el sufrimiento. Es posible que no seamos liberados hasta que le contemos a alguien sobre el abuso, o hasta que seamos adultos y busquemos terapia para ayudarnos en nuestra sanación. Pero si invocamos el poderoso nombre de Jesús, Él siempre estará con nosotros y nos ayudará. Nuestra esperanza está segura en el poder de Dios.

Cuando confiamos en Cristo como salvador, nos convertimos en hijos del Dios Altísimo. Él nos ha creado para tener una relación con Él. Somos estimados y amados, preciosos ante Sus ojos. No necesitamos creer las mentiras que nuestra culpa y vergüenza nos dicen. Dios sabe todo eso. Él no impondrá Su voluntad sobre nosotros, sino que espera que tengamos una relación amorosa con Él como nuestro Abba, la palabra aramea para papá. Uno que nunca nos usará ni abusará de nosotros.

Lee y Medita

Pues todos los que son guiados por el Espíritu de Dios son hijos de Dios.

15 Y ustedes no han recibido un espíritu que los esclavice al miedo. En cambio, recibieron el Espíritu de Dios cuando él los adoptó como sus propios hijos.[a] Ahora lo llamamos "Abba, Padre." (Romanos 8:14–15 NTV)

Escuchar

"Same Power" (Mismo Poder) por Jeremy Camp

"What a Beautiful Name" (Hermoso Nombre) por Hillsong Worship

La Tierra no tiene dolor que el cielo no pueda sanar.

—THOMAS MOORE

CAPÍTULO 16

El Encuentro con Timmy

Yo viví los primeros cinco años de mi vida en Charleston, West Virginia. Nuestra vivienda en Orchard Manor estaba situada en una calle de casas similares construidas para familias de bajos ingresos, como para mineros y trabajadores de fábricas. La planta química Union Carbide se podía ver en la parte posterior de un gran campo vacío el cual los niños del vecindario usaban como campo de juegos. No teníamos césped ni patios alrededor de nuestras casas, así que pasamos la mayor parte de nuestros días en el campo.

Una tarde de verano, varios de nosotros estábamos jugando a "tú la traes", cuando ocurrió una gran explosión. Una columna de humo oscuro emanaba de la planta química. Luego me enteré de que varios trabajadores murieron y que los efectos en mí durarían para siempre.

Una lluvia de ácido rojo se derramó sobre nosotros los niños, quemando nuestra piel, causándonos dificultad para respirar. Corrimos gritando, lo que llamó la atención de los adultos que estaban cerca. Nos transportaron al hospital para recibir tratamiento. Me recuperé de las quemaduras agudas, dentro y fuera de mi cuerpo, pero mi sensibilidad a los productos químicos del petróleo ya estaba establecida y me afectaría por el resto de mi vida.

Los productos químicos agrícolas utilizados para fertilizantes y el control de malezas y plagas son petroquímicos, también llamados metales pesados. Muchos tienen una base de fosfato que debilita el músculo, en mi caso específicamente, mi corazón. Todos tienen un efecto tóxico en el cuerpo, especialmente en el hígado y en los riñones donde el metal pesado es desintoxicado.

Cuando nos casamos en diciembre de 1975, mi esposo trabajaba en la corporación agrícola de la familia. Desde el momento en que me mudé a la granja de la familia en marzo de 1976, comencé a experimentar problemas de salud, incluyendo debilidad muscular, convulsiones y fatiga, por la sensibilidad a los productos químicos agrícolas.

Cada invierno, yo pasaba unas semanas en centros de salud natural tomando tratamiento para desintoxicar el metal pesado. Durante una de estas ausencias, yo experimenté una visión que me ayudó a sanar del aborto de mi hijo.

Era el año 1993. En el centro de tratamiento, una enfermera se sentó conmigo mientras monitoreaba la solución intravenosa que yo estaba recibiendo para eliminar las toxinas de mi sistema. Estoy segura de que ella solo intentaba entablar una conversación casual sobre mis hijos.

Sin que ella lo supiera, debido al deterioro de mi salud, yo tenía miedo de que me podría morir pronto. Con eso en mi mente, oré, pidiéndole a Dios que me quería morir con una conciencia tranquila sabiendo que mi hijo abortado me estaba esperando en el cielo.

Oré para encontrar un buen momento para hablar con mi hija y mi hijo adolescentes sobre el aborto. Si yo sobrevivía a este ataque de toxicidad, yo quería ser voluntaria en nuestro centro local de crisis de embarazo. Yo asumí que me iba a gustar compartir mi experiencia del aborto con otras mujeres embarazadas que consideraban sus opciones. No quería hablar con extraños sobre mi historia antes de que mis hijos supieran la verdad.

"¿Cuántos hijos tienes?", preguntó la enfermera.

"Tengo dos en casa", respondí con cautela. Mi hijo abortado estaba presente en mi mente, y, sin embargo, no lo conté como mi tercer hijo.

"Debes tener una buena ayuda en casa para que los cuiden mientras tú no estás".

"Sí, si no fuera por mi suegra, probablemente habría perdido la custodia de mis hijos hace años. Me resulta muy difícil proveer para sus necesidades".

"Las madres tienen una gran responsabilidad con sus hijos, ¿no? Puede ser tan abrumador, especialmente si estamos enfermas".

Y entonces empecé a llorar. Como adolescente, yo había renunciado a mi responsabilidad de mi hijo por nacer. Estaba equivocada. Yo tenía suficiente madurez en ese entonces para saber que tenía opciones y la opción para preservar su vida. Él no tenía ningún recurso excepto a mí, y lo dejé morir. La vergüenza, el remordimiento y el dolor se apoderaron de mí.

Después de establecer el por qué estaba llorando de repente, la terapeuta me dio un sedante suave y me pidió que intentara dormir. Ella me prometió que un consejero vendría a hablar conmigo en una hora.

Pero Dios, mi Padre celestial y el consejero más sabio de todos, le trajo una solución a mi dolor que yo nunca imaginé. Sorprendentemente, el sueño llegó fácilmente. Y soñé.

Mi habitación se llenó de luz. El techo retrocedió y vi nubes blancas y esponjosas que se movían a través de un cielo azul brillante, con aire fresco y limpio a mi alrededor. Cerca de allí, un campo de flores silvestres se balanceaba en una suave brisa que traía su dulce fragancia hacia mí. La escena era tranquila y pacífica, y me di cuenta de que yo también me sentía así. De repente reconocí que había un niño pequeño, que parecía tener cuatro años, rubio, delgado, estudiando el florecer de una flor. Se puso de pie y se volvió hacia mí. "Hola, mami".

Me sentí sorprendida por su saludo y, al mismo tiempo, lo conocí. Su nombre era Timmy, y él era el hijo que yo perdí en el aborto en mi adolescencia.

"Hola, Timmy", fue todo lo que dije antes de comenzar a llorar. La vergüenza, la culpa y el dolor eran abrumadores. Yo tenía tanto que quería decirle, pero no salían las palabras.

"Mami, ya no hay necesidad de sentirse mal. Tú le pediste a Jesús que te perdonara hace años y Él lo hizo. Él ya ni siquiera recuerda el pecado del aborto. Él te prometió eso. Necesitas perdonarte a ti misma. Yo estoy bien, Mami. Aquí es maravilloso. Dios es todo lo que necesito. Por favor, déjame ir. Yo esperaré a que vengas más tarde, pero no ahora".

Y entonces, la visión se desapareció, y con ella, la gran parte de mi culpa. Dios respondió mi oración para saber que Timmy estaba a salvo.

Timmy dijo que yo había pedido perdón hace muchos años, y eso fue cierto. Yo acepté esta promesa: "pero si confesamos nuestros pecados a Dios, él es fiel y justo para perdonarnos nuestros pecados y limpiarnos de toda maldad (1 Juan 1:9 NTV). El recordatorio de Timmy de que Dios no recordaba mi pecado era de la Biblia. "Llevó nuestros pecados tan lejos de nosotros como está el oriente del occidente." (Salmo103:12 NTV). Mi fe me había traído las respuestas que necesitaba para una mayor sanación.

Esta misma seguridad también puede ser tuya, querido lector. Primero, cree que Dios envió a Su Hijo Jesús al mundo para hacer un puente para que nosotros tengamos una relación con Él. Ese puente fue creado por la sangre que Jesús derramó en la cruz para pagar por el pecado de cada persona, el pasado, el presente o el futuro. Y Su resurrección tres días después nos proporcionó el camino para vivir en el cielo cuando muramos.

Necesitamos confesar o reconocer que pecamos. El pecado es cualquier pensamiento, palabra o acción que va en contra de la ley perfecta de Dios.

Lo siguiente es el arrepentimiento, que significa estar de acuerdo con Dios en que hemos hecho mal y tenemos la intención de alejarnos del mal. Oramos para que el Espíritu Santo nos ayude a evitar el pecado en el futuro, y hacemos nuestra parte para cambiar.

Satanás es el que sigue recordándonos de los pecados pasados. Él sabe que nos mantiene miserables e incapaces de usar nuestros dones y habilidades espirituales para servirle a Dios aquí en la tierra. Si somos creyentes en Cristo, Satanás ha perdido su oportunidad de mantenernos fuera del cielo cuando muramos y pasemos la eternidad separados de Dios en el infierno. Pero si puede mantenernos sintiendonos inadecuados e indignos del amor y el perdón de Dios, nos perdemos la paz y el gozo que Dios ha planeado para nuestras vidas. También seremos ineficaces al compartir nuestra fe con los demás y dar a las personas la oportunidad de escuchar el evangelio y ser salvos.

Si yo no estuviera libre de la culpa de mi aborto, yo no pudiera hablar de ello con confianza y con compasión. Esta libertad viene de mi fe en Cristo y de mi creencia en las promesas que se encuentran en la Palabra de Dios, la Biblia. Mi esperanza se encuentra en el amor inagotable de Dios. Satanás todavía me tienta a veces con los pensamientos de que soy una asesina porque dejé que el médico sacara a Timmy de mi cuerpo. Pero yo sé que Dios ya no me ve como una asesina, sino como Su querida hija, y yo le digo a Satanás que se calle.

Uno de los versículos que he memorizado para recordarme de este amor inquebrantable dice: "38 Y estoy convencido de que nada podrá jamás separarnos del amor de Dios. Ni la muerte ni la vida, ni ángeles ni governantes,[a] ni nuestros temores de hoy ni nuestras preocupaciones de mañana. Ni siquiera los poderes del infierno pueden separarnos del amor de Dios. 39 ningún poder en las alturas ni en las profundidades, de hecho, nada en toda la creación podrá jamás separarnos del amor de Dios, que está revelado en Cristo Jesús nuestro Señor." (Romanos 8:38–39 NTV)

Las Escrituras son nuestra mejor arma contra las mentiras de Satanás. De esto estoy segura.

Quiero contarte una consecuencia más de mi aborto. Mis hijos recibieron la noticia de mi aborto con respeto y comprensión. Más tarde esa noche, encontré a mi hijo adolescente llorando en su habitación. Su explicación me rompió el corazón; Él estaba lamentando la muerte de su hermano mayor. "Sería realmente bueno tener un hermano", dijo tristemente.

Lee y Medita
Por lo tanto, ya no hay condenación para los que pertenecen a Cristo Jesús; 2 y porque ustedes pertenecen a él, el poder[a] del Espíritu que da vida los[b] ha libertado del poder del pecado, que lleva a la muerte.

Romanos 8:1–2 NTV

Escuchar
"Mighty to Save" (Poderoso para Salvar) por Laura Story "How Great is Our God" (Cuán Grande es Dios) por Chris Tomlin

No podemos cambiar nuestro pasado. No podemos cambiar el hecho de que las personas actúen de cierta manera. No podemos cambiar lo inevitable. Lo único que podemos hacer es tocar con la única cuerda que tenemos, y esa es nuestra actitud.

—Chuck Swindoll

Capítulo 17
Aceptando la Alegría y el Propósito

Estaba en medio de compras cuando mi teléfono celular vibró. No reconocí el número. Yo me había acostumbrado a no contestar números desconocidos, además de que mis manos estaban llenas de camisetas. Yo estaba ansiosa por terminar mi compra y salir de la ciudad, sin embargo, sentí que el Señor me daba un codazo de que era una llamada que debía tomar.

Puse las camisetas sobre la mesa y comencé a caminar hacia al frente de la tienda para tener privacidad para la llamada. Cuando llegué a la puerta, hice clic en el botón de llamar y respondí.

"Soy JoAnn."

"JoAnn, soy Ted[1]*, ¿te acuerdas de mí? Mamá me dijo que te acordarías de mí si te llamaba. ¿Te acuerdas?"

---

1   * No es su nombre real.

Yo reconocí la voz frenética en la línea e instantáneamente me preocupé por la razón de su llamada. Le respondí con una voz tranquila con la esperanza de calmar su ansiedad.

"¡Por supuesto! ¡Cómo podría olvidar a uno de los chicos que sobresalía en mi clase de escuela dominical durante toda la secundaria! ¿Cuánto tiempo ha pasado desde entonces, Ted? ¿Ya no vas a la universidad?"

"Qué, sí, la universidad. No, la dejé después de tres años. Las cosas se han complicado. ¡Y ahora están peores! Tienes que ayudarme, por favor. ¡Es una cuestión de vida o muerte!"

Oh, Dios, por favor dame tus palabras ahora mismo, oré en silencio antes de responder. Entonces le dije: "Está bien, Ted, empecemos por aquí. Necesito que respires profundo ahora mismo. No estoy bromeando. ¿Podrías hacer eso por mí? Déjame escucharte. Y gracias a Dios, lo hizo.

"Está bien, uno más profundo. Bien. Ahora, empieza por el principio".

"Yo tengo una novia. No somos muy buenos juntos. Seguimos rompiendo y volviendo a estar juntos, pero las cosas no cambian mucho".

"¿Es eso porque están durmiendo juntos? ¿No es muy estable tu relación?"

"Sí, supongo que sí. Tú nos dijiste que el sexo impide que una relación se fortalezca y eso ha sido cierto para mí, pero aun así no puedo parar".

"Esa es una charla para otra vez. Vamos a enfocarnos en el problema de la vida y la muerte".

"Necesito que hables con mi novia. Tienes que decirle lo que nos dijiste en la escuela dominical acerca de que el aborto mata a un bebé real y no resuelve ningún problema. ¡Por favor!

Ella está embarazada y tiene cita para un aborto. Ella no me quiere escuchar. Ella quiere deshacerse del problema. Por favor, dile que eso no servirá de nada".

"Por supuesto, yo estaría encantada de hablar con ella, pero tengo la sensación de que no me escuchará. Parece que no tienes el liderazgo en esta relación, Ted. Dios quiere que seas hombre y salves a tu hijo".

"¿Cómo hago eso? ¡Ella va a ir mañana!"

—¿Dice ella ser una cristiana?

—Sí, pero yo también —dijo en voz baja, con vergüenza en la voz—.

—No hagas eso, Ted. No dejes que la vergüenza te impida tomar buenas decisiones. ¿Has orado por el perdón?"

—"Sí."

"Entonces tu culpabilidad es un punto discutible. Enfoquémonos en orar por la vida de tu hijo. ¿Has hecho eso?

—"No" —dijo él—. "Pero ella es tan cabrona con las cosas que no la puedo presionar."

"Entonces deja de presionar. Ámala, respétala, dile que crees que el bebé es un ser humano y necesita un padre, que tú serás ese padre. Pero no prometas casarte con ella si tu relación es tan mala".

"Yo no sé si puedo decirle eso. Tengo mucho miedo, JoAnn."

"Yo sé cómo te sientes", le dije. "Tú sabes que yo lo sé. Dios es lo suficientemente grande para este problema. Él puede salvar a ese bebé y tú puedes ayudarlo. ¿Eres lo suficientemente valiente como para enfrentarte a ella y no solo llamarla? Pueda que tú no me creas, pero ella te está buscando para que la guíes ahora. Pueda que ella también esté asustada".

"No, ella salió embarazada a propósito. Ella es mayor que yo, y quiere tener hijos. Ella no quiere matrimonio. Es por eso que esta cita para el aborto no tiene sentido".

"Ay caramba, tienes grandes problemas. Pero volvamos a enfocarnos en el bebé. ¿Intentarás hablar con ella una vez más? Si ella quedó embarazada a propósito, es posible que esté bromeando sobre el aborto. Ella suena como una dramática".

"Eso es cierto", dijo él.

"Entonces hagamos que ella tome una mejor decisión y mantengamos vivo a ese bebé. Ahora vamos a orar."

Fue difícil encontrar las palabras adecuadas. Yo simplemente pedí la voluntad de Dios en esa situación. Eso era demasiado complicado para mí resolverlo. Ted colgó ya un poco más tranquilo y escuché su determinación en la voz para pedirle a su novia una vez más que se quedara con el bebé.

Yo estuve llorando después de la llamada. Me entristeció escuchar la historia del sexo, de drama, de falta de respeto. Era la historia que yo había vivido cuando era adolescente, y sabía lo mal que se sentía. Yo no quería eso para Ted. Lloré por el bebé acomodado en el vientre de su madre, sin saber su inminente sentencia de muerte. Le rogué al Señor que cambiara de opinión, no solo por el bien del bebé, sino también por el de ella. Yo sabía de la culpa y la vergüenza de ser cómplice del asesinato de un niño por nacer. Yo no quería que ella sufriera esas consecuencias.

Al final, yo estaba asombrada y agradecida de que Dios me había dado la oportunidad de ver que yo había influenciado a Ted. Él estaba en séptimo grado cuando yo le enseñé la lección sobre la injusticia del aborto electivo. Ahora, diez años después, él tenía que aplicarlo en su propia vida. Esa parte me hizo sentir bien, el haber sido obediente para contar mi historia sincera y dar una enseñanza bíblica clara. Eso me hizo sonreír.

Y gracias a Dios, a la semana siguiente, yo recibí otra llamada de que la novia estuvo de acuerdo con llevar al embarazo hasta el término. Ella y Ted tendrían varios meses para determinar sus planes de criar a su hijo.

Algunas personas nunca se recuperan del abuso sexual. Eso define la mayoría de sus experiencias por el resto de sus vidas. Ellos continúan sintiéndose como si ellos siempre serán víctimas. Llega a ser su identidad. Ellos sobreviven, pero nunca prosperan.

Yo soy la prueba viviente de que no tiene por qué ser así. Dios es más grande que nuestras heridas, y Él puede sanarnos y empoderarnos para vidas llenas de propósito y de alegría. Para mí, yo encontré un propósito y una alegría en ayudar a los demás.

Enseñarles a los niños acerca de Dios ha sido una gran parte de mi vida. Yo ayudé a iniciar el programa de la iglesia para niños cuando mis hijos eran bebés. A medida que crecieron, pasé a enseñar sus clases de escuela dominical. Mi edad favorita para enseñar era el sexto grado. De hecho, me vinculé tanto con la clase en la que estaba Ted que seguí a esos niños hasta la secundaria. Nos mantuvimos unidos hasta su graduación de la preparatoria. Algunos siguen siendo amigos íntimos hoy en día.

Yo también tuve el privilegio de haber sido una líder voluntaria y la directora de nuestro club bíblico Awana durante cuarenta años. Me encantó el enfoque semanal en la memorización de las Escrituras porque yo sabía lo mucho que los versículos que aprendí de niña me habían consolado y corregido toda mi vida. Puesto que había tomado la decisión de aceptar a Jesús como mi salvador a una temprana edad, yo sabía que los niños de mi club Awana también tenían la madurez y la comprensión para tomar esa decisión. Era un evento maravilloso cada vez que un niño respondía a nuestra enseñanza bíblica y era guiado por el Espíritu Santo a aceptar a Jesús como su salvador.

Muchos adultos cristianos dotados sirvieron fielmente conmigo como líderes cada semana. Nosotros hacemos un esfuerzo extra para mantener nuestro club emocionante con noches temáticas y fiestas de premios. Yo le entregué el trofeo Timothy a dos de mis nietos por completar cuatro años en mi club. Ambos se desempeñaron como líderes juveniles mientras estaban en la preparatoria.

Dios también me abrió las puertas para organizar estudios bíblicos semanales para mujeres en mi casa. Al dejar la enseñanza a las mujeres que tienen ese don, yo puedo usar mi don de hospitalidad para crear un ambiente cálido y acogedor en el que las mujeres puedan encontrarse con Dios. Los estudios siempre me han ayudado a profundizar en mi fe y conocimiento de la Biblia, así como a desarrollar amistades más profundas con las mujeres del grupo.

Como miembro del comité de misiones de nuestra iglesia durante veinticinco años, tuve muchas oportunidades de usar mis habilidades de organización, de liderazgo y de enseñanza para planificar y participar en viajes dentro de los Estados Unidos y en países extranjeros con otros adultos y adolescentes.

Es emocionante decirle a la gente que el Señor me ayuda a afrontar las tensiones de la vida y que mi fe me brinda alegría en medio del sufrimiento. El poder compartir el mensaje del evangelio con alguien que nunca lo ha escuchado es una labor especial. Los sufrimientos pueden ser diferentes para cada uno, pero el Único Dios Verdadero tiene respuestas para todos. Hay tantas necesidades a nuestro alrededor, y permitir que Dios me use para satisfacer esas necesidades ha sido, y sigue siendo, un precioso recorrido.

Cuando la casa de una familia de nuestra iglesia se les quemó hasta los cimientos, yo les ayudé a establecerse en una vivienda temporal, luego coordiné una campaña que recaudó miles de dólares para que comenzaran a reconstruir sus vidas.

Otra pareja joven se estaba mudando a un país extranjero como misioneros. Me desvelé toda la noche ayudando a la joven madre a clasificar sus pertenencias para seleccionar lo que necesitarían durante los próximos tres años lejos de compras en los Estados Unidos.

No digo estas cosas para presumir, sino para animarte. Cualesquiera que sean las dificultades y el dolor que hayas experimentado, Dios tiene la cura, el gozo y un propósito para ti. Él me ha dado estas cosas, y sé que Él quiere que tú también las experimentes.

Dejé mi trabajo de enfermera en cuidados intensivos y coronarios después de cinco años debido a graves problemas de salud. Yo me había sentido obligada sobre la necesidad de educar a mis hijos en casa, y el renunciar a mi trabajo me dio tiempo para instruir. Tuvimos ocho años maravillosos juntos.

Luego, cuando mis hijos ya eran adolescentes, me dijeron que mi mal de salud les impedía recibir la educación que necesitaban y me pidieron ir a clases de escuela pública. Ellos se trasladaron a una preparatoria cristiana cercana, se graduaron y luego cada uno se graduó de la universidad.

La educación en casa es una forma maravillosa de vida que requiere oración, dedicación y paciencia. No hay escuela perfecta, en casa o cristiana, pero creo que mis hijos se beneficiaron más que de ser afectados por ambas experiencias. Después de que mis hijos se graduaron de la preparatoria a finales de los noventa, me pregunté si yo podría volver a practicar la medicina.

Yo había usado la alternativa del cuidado de salud natural para curar mi sensibilidad crónica a los productos químicos agrícolas durante varias décadas. Un día, mi médico neuropático personal me pidió que asistiera a una nueva escuela que él estaba organizando para enseñar a los farmacéuticos a ser neuropáticos. Yo era una de las tres mujeres en una clase de setenta hombres. La educación fueron los tres años más satisfactorios de mi vida.

Yo desarrollé un consultorio privado con 150 clientes en mi base de datos. Debido a mis propias experiencias con enfermedades crónicas, abusos, abortos y pecados sexuales, yo tenía una gran intuición sobre los problemas de otras personas. Di buenos consejos y ayudé a personas de todas las edades a obtener una mejor salud. Yo le doy gracias a Dios por el significado importante y el cumplimiento que le trajo a mi vida.

Leer y Meditar

11 Pues yo sé los planes que tengo para ustedes—dice el Señor—. Son planes para lo bueno y no para lo malo, para darles un futuro y una esperanza. 12 En esos días, cuando

oren, los escucharé. 13 Si me buscan de todo corazón, podrán encontrarme.

Jeremías 29:11–13 NTV

Escuchar

"Because He Lives (Official Music Video)" ("Porque Él Vive, Video Musical Oficial") por Celtic Worship

"It's About the Cross" ("Se Trata de la Cruz ") por los Ball Brothers

Capítulo 18

Inundaciones de Tristeza

Después de estar en el consultorio privado durante catorce años, me diagnosticaron cáncer. El desarrollo del cáncer resultó ser el colmo de mi enfermedad crónica, y me di cuenta de que ya no podía seguir viviendo en nuestra granja rodeada de cultivos agrícolas. La toxicidad continuaría dañando mi cuerpo. Yo necesitaba estar lejos de la zona para evitar ser expuesta. Compré una pequeña cabaña en las montañas de Colorado y viví allí durante los cinco meses de la temporada agrícola de cada año. Mi salud en general mejoró drásticamente.

El Señor me proveyó otro ministerio como propietaria para la gente que alquilaban dos apartamentos en mi propiedad. A menudo yo invitaba a mis inquilinos a compartir una comida y les mostraba interés en sus vidas. Hubo ocasiones en las que les modificaba la renta para ayudarlos con sus necesidades. Pocas veces, tuve que desalojar a alguien por romper las reglas de mi contrato de arrendamiento, pero, aun así, ellos sabían que me preocupaba por ellos y yo quería que vivieran una vida mejor. Raramente salían enojados.

Como residente permanente de las llanuras del Medio Oeste, nunca soñé que aprendería a caminar en el Parque Nacional de las Montañas Rocosas. Pero tuve varios amigos maravillosos que me enseñaron a caminar segura y a disfrutar de la maravillosa creación de Dios de las criaturas y de las montañas. Yo le di hospedaje a mucha gente en mi cabaña para que otros también pudieran disfrutar de las montañas. Mis nietos nos visitaban todos los veranos y juntos creamos recuerdos maravillosos.

Yo asistí a una buena iglesia en Colorado y me convertí en el miembro más joven del grupo social de mujeres solteras de la tercera edad. Disfrutamos juntas de las comidas de los domingos. Adquirí conocimientos importantes al escuchar sus años de experiencia de vida y sabiduría espiritual. Me hice amiga de muchos que apreciaban el tiempo que yo pasaba para visitarlos en sus casas. Como cada uno ha muerto y se han ido a estar con Jesús, en mi dolor he encontrado consuelo al saber que reanudaré nuestra amistad en el cielo cuando yo me vaya.

En septiembre de 2013, me despertó una llamada telefónica advirtiéndome que una inundación catastrófica se avecinaba en mi cañón. Yo vivía al lado del río Big Thompson y me sorprendió y me asustó ver la corriente que corría y crecía. Vi una luz encendida en la cabaña de un vecino en la otra orilla del río y me di cuenta de que alguien debía haber llegado durante la noche. El agua me llegaba a los tobillos cuando crucé el puente para rescatar a los vacacionistas. Diez minutos después, el agua nos llegaba a las rodillas mientras las dos mujeres cargaban a su perro y algunas pertenencias a mi carro. Los instalé en un motel de la Cruz Roja y llevé a su perro al veterinario para que lo alojaran.

Mi mejor amiga estaba varada en su cabaña a media milla río abajo. Me reuní con las autoridades tres veces para rogarles que fueran a buscarla. Cuando los rescatistas llegaron el segundo día, veintidós personas y diez perros se habían reunido en su lado de la montaña para conseguir comida y agua en su cabaña. Se tomó siete horas para bajar a cada uno de ellos sobre el lado de un acantilado de treinta pies de altura en una canasta de alambre. Yo me sentí muy aliviada de que nadie resultó herido en el rescate.

Durante unas semanas, mi perro y yo nos mudamos a la ciudad con amigos. Yo iba y venía a mi propiedad, trabajando sola para sacar el piso mojado, los muebles arruinados, el lodo y la suciedad de mis apartamentos. Gracias a Dios, la prevención de inundaciones que le había hecho a la propiedad años antes había evitado que mi cabaña principal sufriera daños mayores. Un vecino usó su cargadora compacta para mover el lodo de mi patio. El cambio del nivel freático causó que mi pozo de agua se secara y que fuera necesario perforar uno nuevo.

Yo estaba agradecida por mi seguridad y la de mi mejor amiga, pero estaba cansada, desanimada y ansiosa por volver a mi casa en Nebraska.

Finalmente, varias semanas después de que cesaron las lluvias, pude regresar a mi casa en Nebraska.

Unos días más tarde, mientras revisaba la factura de mi tarjeta de crédito para asegurarme de que una reservación de hotel cancelada hubiera sido reembolsada, me encontré con una larga lista de cargos desconocidos.

Durante mi investigación, vi que estos extraños cargos eran de hace un año. Cuando le pregunté a mi esposo sobre el asunto, me dijo que él estaba al tanto y que se estaba ocupando de ello. Como él estaba ocupado con la cosecha, yo misma comencé a hacer llamadas a los vendedores.

En el proceso, me sorprendió descubrir que mi esposo estaba teniendo una aventura con una estafadora. Él había estado desfalcando dinero de nuestra empresa por más de un año para mantener a su novia y tratando de ocultarlo hasta que una anticipada caída de dinero del cielo pudiera ser depositada en la cuenta de la granja.

En octubre dejé mi casa para separarme de mi matrimonio mientras se atendían los negocios. El resultado fue la deconstrucción de la corporación familiar y la pérdida de mi hogar, mi trabajo y mi estilo de vida.

Estuvimos separados durante tres años, tiempo durante el cual mi esposo no hizo ningún esfuerzo por reconciliarse conmigo o con nuestros hijos. Cuando él dejó claro que no renunciaría a su novia, yo solicité el divorcio, el cual me fue concedido en abril de 2016.

Luché contra la vergüenza y la deshonra del poner fin a un matrimonio de cuarenta años que se había hecho como un pacto ante Dios. Yo había tomado mis votos del libro de Rut y había prometido que su gente sería mi gente mientras yo viviera.

Una vez más, no me libré del caos de este mundo, pero puedo decir que Jesús caminó conmigo a lo largo de todo el camino, satisfaciendo mis necesidades en todo momento. Puedo testificar honestamente que Dios obrará todas las cosas para bien si seguimos Sus mandamientos y buscamos la rectitud.

Unos meses después de que el divorcio fuera definitivo, yo experimenté otra angustia. Una llamada telefónica a primera hora de la mañana me despertó con una noticia catastrófica: la hija de mi mejor amiga había muerto mientras dormía. Corrí a la cabaña de mi amiga. Fue desgarrador hablar con las autoridades, hacer llamadas telefónicas y abrazarla mientras sacaban la bolsa negra de la camilla por la puerta. Su hija también se había convertido en mi buena amiga. Yo estaba muy triste. Nuestra fe en Dios y la confianza en nuestra amistad nos ayudaron a sanar mientras procesábamos el dolor.

Todas las reparaciones y remodelaciones necesarias en mi propiedad se completaron después de la inundación, y disfruté de cinco años más de vida saludable en la montaña. Desafortunadamente, vivir a gran altura durante diez años puso a prueba mi corazón, ya debilitado por los productos químicos agrícolas. Mi enfermedad cardíaca empeoró, así que vendí mi cabaña en 2018 y volví a vivir en Nebraska al tiempo completo.

Oré para que Dios me guiara a un nuevo ministerio que me mantuviera fuera de la granja durante el verano, y me dirigieron a ser voluntaria en el ministerio de Joni y Amigos para los discapacitados y sus familias.

Cada verano elijo un estado donde se programa un retiro familiar. Me ofrezco como voluntaria en el campamento y luego permanezco en la zona durante varios meses, regresando a casa después de que la cosecha está en marcha. Debido a mi educación en enfermería y naturópata, no me siento intimidada para hacerme amiga y ayudar a mis amigos con discapacidades o para escuchar a los miembros de su familia.

Al igual que el resto del mundo, el caos del COVID de 2020 trajo muchos desafíos, uno de los cuales fue para mí otro diagnóstico de cáncer. La malignidad y la naturaleza agresiva de la célula cancerosa me impulsaron a volver al tratamiento contra el cáncer durante todo el 2021.

Enfrentarme a un posible escenario de fin de vida me hizo considerar lo que quería terminar antes de morir. Yo recordé mi deseo de contar la historia del abuso de mi niñez con la esperanza de poder ayudar a otros a lidiar con el trauma y buscar sanación.

A pesar de estar en tratamiento contra el cáncer, tomé un acto de fe para firmar un contrato de publicación. Estaba ansiosa por hacer públicos mis recuerdos y mis experiencias. Dios me concedió la bendición de la remisión del cáncer y comencé a escribir.

Dios ha sido tan bueno conmigo. A pesar de las profundas heridas del abuso sexual de mi niñez, Él ha traído sanación, propósito y alegría a mi vida.

Leer y Meditar
Hazme oír cada mañana acerca de tu amor inagotable, porque en ti confío. Muéstrame por dónde debo andar, porque a ti me entrego.

Salmo 143:8 NTV

Escuchar
"It is Well with My Soul" ("Mi Alma Está Bien, Está Bien") por Chris Rice
　"Find Us Faithful" ("Encontrarnos Fieles") por Steve Green

Dios toma el pulso y prescribe la medicina.

—Proverbio Árabe

Capítulo 19
La Llama se Apagó

Mis padres llevaban cuatro años viviendo en una institución de cuidados cuando yo empecé a recibir llamadas del director de la institución de cuidados.

Un martes por la mañana me encontré sentada en la oficina del director. Nosotros tuvimos varias de estas reuniones durante la semana pasada, y yo sabía lo que ella tenía que conversar conmigo: ella me iba a dar otro reporte del comportamiento inapropiado de mi papá con una residente.

La función cerebral de mi papá estaba disminuyendo con la edad. También desaparecieron cualquiera de los filtros que lo habían mantenido, de manera imperfecta, sus impulsos sexuales bajo control. Aumentando más, el acoso a las mujeres residentes del centro.

La directora llegaba tarde ese día, y me quedé esperando en su oficina con unos minutos para reflexionar.

Es curioso cómo los recuerdos surgen cuando menos te lo esperas. Yo pensé en la noche en que mi papá insistió en acompañar a mi amiga de sexto grado a la casa desde nuestra casa. Recordé del sonido de sus sollozos cuando me dijo después: "¡Tu papá me besó en la boca! ¿Qué le pasa? Pensé en cómo le grité a mi papá: "¿No puedes dejar a *nadie* en paz?"

Ahora, cincuenta años después, tenía mi respuesta, y la respuesta era "No".

Cuando la directora entró en la sala, pude ver por la expresión de su rostro que me esperaba otra charla vergonzosa. Solo que esta vez ella no estaba en condiciones de extenderle más gracia a mi padre.

"Tenemos pruebas en video del encuentro más reciente de tu papá", explicó con una mezcla de simpatía y de frustración. "No podemos permitir que tu padre siga viviendo en nuestra institución. Yo entiendo que con la aceleración de su demencia él no está legalmente consciente ni es responsable de su comportamiento. Aun así, te pido que saques a tu padre de nuestra institución y le encuentres un lugar más apropiado para quedarse. Tu madre es bienvenida a quedarse aquí, pero necesito que tu padre salga dentro de veinticuatro horas. Adicionalmente, debes hacer arreglos para que alguien permanezca aquí y mantenerlo bajo una supervisión constante hasta que él se haya ido".

Eso fue humillante. Me sentía culpable y apenada por las mujeres a las que estaba molestando. El personal le ocultaba la información a mi madre para ahorrarle la vergüenza. A mí también me hubiera gustado que me la hubieran ahorrado.

Salí de la oficina del director y me fui a acomodar en el apartamento de mis padres. Pasé varias horas en el teléfono contactando a la Administración de Veteranos y a las instalaciones civiles en busca de un lugar para que mi papá viviera. Veintidós lugares me rechazaron tan pronto como se enteraron de por qué necesitaba la internación. Un trabajador social local me estaba ayudando a orientarme por el proceso. Eso fue agotante.

Cuando llegó la hora de acostarme, coloqué una silla frente a la puerta de la habitación de mis padres y tuve la sensación de haber vivido antes lo mismo. Cuando yo era estudiante universitaria y estaba en la casa durante las vacaciones de verano, yo solía colocar una silla debajo de la perilla de la puerta de mi habitación para mantener a mi papá *fuera* y para protegerme. Ahora lo hacía para mantenerlo a él *dentro* y para proteger a los demás.

Yo dormí en el sofá esa noche. Mi papá se despertó un par de veces en la noche y lo acompañé por los pasillos hasta que pudo calmarse y dormir de nuevo.

A la mañana siguiente, llevé a mi papá a un pueblo cercano y lo registré en una situación temporal para su custodia. Al día siguiente él fue ingresado en un hospital psiquiátrico a 100 millas de distancia, donde permaneció por tres semanas.

Mientras él estaba en el hospital, yo continué la búsqueda de una vivienda adecuada. Un día conduje 250 millas para visitar cinco instituciones. En el quinto lugar, tuve una entrevista inquietante con la trabajadora social.

"Tú tienes que entender que nadie va a querer que tu papá sea admitido en sus instituciones. Él es una amenaza a nuestra población, y simplemente no podemos aceptarlo. Tú vas a necesitar ayuda para encontrarle un lugar seguro. Lo siento. Yo he visto esto antes y es un momento muy difícil para una familia".

Eso fue sin duda cierto para nuestra familia.

Eventualmente encontré un pequeño centro de institución a unas treinta millas de mi casa que accedió a admitir a mi papá en su área de rehabilitación de drogas. Esta zona estaba sometida a un constante confinamiento y supervisión. Sin embargo, cuando el personal se dio cuenta de que él estaba siendo maltratado por jóvenes adictos que se aprovechaban de su estado debilitado, a él lo trasladaron al área de cuidado de la memoria, donde un empleado siempre estaba con él.

En poco tiempo, la demencia avanzó hasta el punto en que él se comportó como un niño pequeño con suaves modales, sin mucha habla o interacción con los demás. Por fin, ahora, ya estaba a salvo para estar en la población general. La llama se había extinguido. Mi mamá se mudó a su institución y lo vio durante sus últimos meses.

Mi hermano y mi hermana trabajaban tiempo completo y vivían lejos, por lo que la mayor parte de la responsabilidad diaria del cuidado de nuestros padres recayó en mí. Con mi experiencia médica, era natural que yo fuera la que hablara con los médicos sobre el caso de mi papá y les pasara la información a ellos. Mis hermanos y yo tenemos la bendición de compartir la fe en Jesús, y por lo general estábamos de acuerdo en todas las decisiones relacionadas con el cuidado anciano de nuestros padres. Cada uno de nosotros aportó sus propios dones y habilidades al problema y trabajamos en equipo, no solo para darle a nuestro papá la mejor calidad de atención dadas las circunstancias, sino también para apoyar a nuestra mamá. Mientras ella y mi papá vivían en diferentes instituciones, ella sufrió de soledad y de la pérdida de control sobre la vida de mi papá. Las llamadas telefónicas y las visitas de mis hermanos eran un gran consuelo para ella.

Fue extraño relacionarme con mi papá esos últimos meses. Él se comportó como un niño y me contó historias sobre su crecimiento los días previos a su participación en la feria. De hecho, disfruté el hablar con él. Él parecía una persona diferente y yo podía separar a este hombre del que me había lastimado durante tantos años.

Recibí la llamada en medio de la noche de que mi padre había muerto repentinamente mientras dormía.

La enfermera favorita de mi mamá se sentó con ella en la habitación de mi papá durante una hora mientras esperaban a que la funeraria recibiera su cuerpo.

Yo opté por esperar hasta la mañana para ir a verla. Mi opción puede ser malinterpretada por muchos, pero sé que hice lo mejor que pude por mis padres y hubo momentos en los que tuve que salvarme.

A pesar de que, al final, yo pude separar al hombre-niño que yo tenía delante del hombre que había abusado de mí, la historia de abuso de mi papá hizo complicado todo su deterioro.

Fue vergonzoso mirar un video de mi papá siendo inapropiado con otras personas. Yo sentí que tenía que cuidar de este monstruo cuando todo lo que yo quería hacer era acurrucarme en el suelo, cerrar los ojos, taparme los oídos y decir "nananana" hasta que la locura se terminara. Yo tenía que orar todos los días durante cada cita, y en cada viaje en automóvil con mi papá, para mantener la calma y el respeto. Yo quería cumplir con mi responsabilidad de hija y darle a mi papá la atención que necesitaba. Fue muy duro.

Debes creerme cuando digo que no hay forma en la tierra de que pudiera haber manejado esta etapa de la vida de mi padre sin mi fe en Dios. Dios me dio fuerza y sabiduría. En cada circunstancia, Dios me proporcionó la guía que yo necesitaba de médicos, de enfermeras y de otros miembros del personal que comprendían a lo que me enfrentaba. No dejaba de decirme a mí misma: *Esta no es la primera vez. Ellos no te están juzgando por las acciones de tu padre. Tú puedes hacer esto, solo tómalo un día a la vez.*

Dos de mis amigos ya habían pasado por la etapa final de la vida con sus padres y hablé mucho con ellos. Mi pastor también fue un gran apoyo.

En el momento de su muerte, ya no era una víctima de mi papá. En Cristo, yo me había convertido en una vencedora. Yo estaba a salvo. Y con la ayuda de Dios, yo había recorrido por un nuevo grupo de experiencias que podrían, algún día, ayudarme a ayudar a otros en sus recorridos de abuso hasta la victoria.

Cuando llegué a mi cumpleaños número sesenta y tres, ni me imaginaba que tenía una lección más importante que aprender.

Leer y Meditar

SEÑOR, no me prives de tus tiernas misericordias; que tu amor inagotable y tu fidelidad siempre me protejan.

Salmos 40:11 NTV

Escuchar

The Steadfast Love of the Lord Never Ceases" ("El Amor Inquebrantable del Señor Nunca Cesa") por Maranatha Singers

"Cast My Cares" ("Echaré mi Ansiedad sobre Ti") por Shane and Shane

Capítulo 20

JoAnn con A Mayúscula

Cuando yo cumplí los sesenta y tres años, solicité los beneficios del Seguro Social. Parecía que sería un proceso bastante simple. No me imaginaba que Dios usaría esta experiencia para traer una capa más de sanación a mi vida.

Antes de contarte lo que sucedió, debo contarte algo que descubrí cuando era niña y que me persiguió durante décadas.

Con la curiosidad normal de cualquier niño pequeño, a menudo yo me metía en cosas de nuestra casa que estaban fuera de límites. Una de las cosas que yo tenía más curiosidad fue una caja de almacenamiento de metal verde cerrada con llave, parecía una caja de pesca, guardada en un armario.

Yo sabía dónde estaba guardada la llave y, en varias ocasiones, abrí la caja y exploré el contenido. Entre las piezas de joyería que mi madre trajo del Líbano había varios documentos legales importantes y una carta.

La razón por la que abrí la carta y la leí seguirá siendo un misterio para mí, pero la información que contenía añadió a la pérdida de mi autoestima.

La carta fue escrita por un psiquiatra que vio a mi mamá en un hospital. No sé la razón de su admisión, pero supongo que tuvo algo que ver con su salud mental, o la falta de ello. En la carta, el médico decía que mi mamá estaba embarazada. Ella estaba enferma por la relación abusiva con su esposo y no quería tener al bebé.

Ese era yo.

Yo nací en 1955 después de veinticuatro horas de un parto difícil. En aquellos tiempos, las mujeres estaban confinadas en el hospital durante una semana después de dar a luz. Durante la semana, mi mamá quería ponerme el nombre de su hermana adoptiva, pero no se le ocurría un segundo nombre.

La historia de la familia cuenta que todos los días la enfermera de maternidad de turno le pedía a mi papá un nombre para mi certificado de nacimiento. Cada vez decía que aún no habían elegido un segundo nombre. Al final de la semana, mientras mi mamá y yo éramos llevadas en la silla de ruedas por el pasillo, la enfermera gritó: "¿Cómo se llama la bebé?"

"No lo sé", respondió mi papá. – Nómbrala tú.

A lo largo de mi juventud, mis padres me dijeron que no habían podido elegir un segundo nombre que les gustara. Me dijeron que la casilla del primer nombre en mi certificado de nacimiento decía Jo Ann, y la casilla del segundo nombre estaba en blanco.

Parecería bastante inocente, pero me causó toda una vida de angustia y de confusión.

Me molestaban los apodos. Jo, JoJo, o lo peor, JoJo de Kokomo. Con la llegada de las computadoras, tener un espacio entre Jo y Ann generó más confusión. Una computadora no reconocería la A mayúscula, ni aceptaría el espacio. Más bien, mi nombre por lo general se anota como Jo. ¡Lo odiaba! Yo anhelaba un segundo nombre. Los niños de primaria que me rodeaban tenían segundos nombres. Los niños católicos incluso tenían dos, uno de los cuales era su nombre de confirmación. Me sentaba en el pupitre de mi escuela, escribía con mi lápiz de número dos en mi gran cuaderno de escribir y practicaba mis ideas para un segundo nombre. Marie era mi favorito. Nunca le conté a nadie esta parte de mi historia.

Yo tenía diecisiete años cuando solicité el ingreso a la universidad y tuve que pedir una copia legal de mi acta de nacimiento. Me horroricé al leer que mi primer nombre era Jo y mi segundo nombre era Ann. Al parecer, la enfermera había tomado su decisión. Mi nombre era Jo. Aun así, me negué a reconocer la verdad. Continué registrando mi nombre legal como Jo Ann sin segundo nombre.

Pasaron muchos años y, aunque ya había vivido mucha sanación emocional, la ortografía legal de mi nombre todavía me enojaba.

Yo creo que Dios está al tanto de cada detalle en mi vida, sin importar cuán pequeño o menor pueda parecer. Pronto supe de que Dios tenía un plan para ayudarme con mi problema de nombre cuando solicité los beneficios del Seguro Social a la edad de sesenta y tres años. Llené el papeleo tal como lo había hecho con mi licencia de conducir, la licencia de matrimonio y el pasaporte: Jo Ann, sin segundo nombre. Y un par de semanas después, sonó el teléfono.

Una empleada del gobierno del Seguro Social en Kansas me llamaba para pedirme que le explicara por qué estaba cometiendo un robo de identidad. Desafortunadamente, mi respuesta fue la de reírme.

Y su respuesta fue de no encontrar nada gracioso en la llamada. El gobierno no tenía un número de Seguro Social para mí y no me permitiría solicitar beneficios. Inmediatamente me puse seria y dije: "¿Puedo contarte una historia corta?" Y ella escuchó mi relato.

Cuando concluí, la línea se quedó en silencio durante varios segundos.

Yo esperé ansiosamente preguntándome lo que ella estaba pensando.

Cuando ella habló, su voz fue tranquila y respetuosa.

"Creo lo que me estás diciendo, y lamento que hayas tenido problemas con la ortografía de tu nombre durante tanto tiempo. Sin embargo, según el gobierno de los Estados Unidos, tu nombre es Jo. Si deseas algún beneficio, dirígeme al cambio de tu nombre en tu documentación y proceda. Te sugiero que, si estás descontenta, te comuniques con un abogado y cambies tu nombre en la corte. Buen día".

Durante los próximos dos años, mi correo estuvo dirigido a Jo. Todas las organizaciones benéficas y empresas se dieron cuenta del cambio. Todos los días llegaba el correo dirigido a Jo. ¡Y todos los días me sentía enojada!

Por supuesto que, nadie cercano a mí estaba al tanto de esta situación. Yo continué llamándome Jo Ann. Pero no fue suficiente. Odiaba mi nombre. Y entonces me di cuenta, ¿Por qué lo odiaba tanto? Tenía que entenderlo. Llamé a mi psicóloga y le pedí una sesión.

No llevaba ni dos minutos contando la historia cuando ella me interrumpió. Y si tú sabes algo sobre consejería profesional, los consejeros no suelen interrumpir. Ella llamó mi atención. "¿Por qué no te cambias el nombre?", me preguntó mi doctora, de forma directa y factual. De hecho, con tanta naturalidad, y yo sin entender.

—¿Qué dijiste? —pregunté intrigada.

"¿Por qué no te cambias el nombre? Llámate como quieras. No es algo difícil de hacer. La gente lo hace todos los días. Necesitas un abogado y necesitas hablar con un juez. Te costará algo de dinero. Sólo hazlo. Sé quién quieras ser. ¿No es ya tiempo? Tú papá no te respetó lo suficiente como para nombrarte. Esa falta de respeto continuó con el abuso crónico. Tú tienes la oportunidad para cambiar".

Fue una sesión corta. Tan pronto como llegué a casa, llamé a mi abogado y le pedí que me explicara de lo que se necesitaría para cambiar legalmente mi nombre. Por supuesto, él estaba confundido. Me había divorciado hacía cuatro años y tomé la decisión de no volver a tomar mi apellido de soltera. Él asumió que ese era el cambio que yo quería hacer.

"No, yo quiero un segundo nombre".

"¿Qué significa eso, un segundo nombre? Tu nombre es Ann."

"Sí, me doy cuenta de eso, pero nunca ha sido quien soy. Yo soy Jo Ann. Ahora quiero ser JoAnn Marie. Quiero que la letra A de JoAnn se escriba en mayúscula, sin espacio. Quiero que sea un recordatorio visible de que me enfrenté a mi papá y tomé el control de quién sería yo".

"Comenzaremos a trabajar en ello de inmediato. Será un placer volver a verte, JoAnn Marie."

La sonrisa en su voz fue igualada por la sonrisa en mi rostro y mi puño en el aire. La valentía en cualquier momento te dará resultados en la sanación, incluso a la edad de sesenta y cinco años.

Darme cuenta de la falta de respeto que se jugó en mi abuso infantil fue una parte importante en sanar. Una vez más, Dios usó la consejería cristiana para abrirme los ojos a sentimientos que yo no podía resolver por mi cuenta.

Estoy muy agradecida por los consejeros piadosos que Dios puso en mi vida. Los consejos y la orientación desde una perspectiva bíblica me mantuvieron conectada en la promesa y en la verdad eterna. Cualquiera que fuera la angustia terrenal que encontrara, mi conocimiento de la verdad celestial luchaba y ganaba la batalla por mi mente. Por la fe, creo que Dios me amó. Él me había creado y conocía mi nombre. Cualquier cosa que el hombre pensara o hiciera conmigo no cambiaría esta verdad.

El programa de televisión *The Chosen* (Los Elegidos) tenía un hermoso episodio que mostraba a María Magdalena siendo redimida por Jesús durante sus años de posesión demoníaca. Derramé lágrimas incontenibles al escuchar a Jesús decirle a ella estas dulces palabras de aceptación:

Pero ahora, oh, Jacob, escucha al Señor, quien te creó. Oh, Israel, el que te formó dice: «No tengas miedo, porque he pagado tu rescate; te he llamado por tu nombre; eres mío. Cuando pases por aguas profundas, yo estaré contigo. Cuando pases por ríos de dificultad, no te ahogarás. Cuando pases por el fuego de la opresión, no te quemarás; las llamas no te consumirán.

Isaías 43:1–2 NTV

Incluso el fuego abrasador del abuso sexual infantil no puede consumir aquel con toda seguridad bajo el cuidado de Dios.

Listen
"In Christ Alone" ("Solo en Cristo") por Keith & Kristyn Getty y Alison Krauss

"God and God Alone" ("Dios, Tan Solo Dios") por Steve Green

EPÍLOGO

Yo he sufrido a través de los recuerdos difíciles y el tema feo del incesto para escribir mi historia porque quiero que encuentres la sanación. Ya sea que tu abuso haya sido de incesto, violación, prostitución, esclavitud sexual o de cualquier otro abuso sexual, puedes encontrar la salud, la sanación y el perdón hacia ti y tu abusador. La confusión, la culpa, la vergüenza y el arrepentimiento personal que resultaron del abuso sexual crónico en la infancia fueron devastadores. Yo simplemente no entendía lo que me estaba sucediendo y qué disfunción y depravación estableció en mi mente y cuerpo. A menudo pensaba que mi única salida era a través de la muerte por mi propia mano.

Debido a la temprana sexualización de mi psíquica por el abuso sexual, pasé quince años en la disfunción de la adicción sexual. Si no fuera por la intervención de Dios en mi vida a través de la obra del Espíritu Santo, no habría escapado de ese pecado.

Estoy hablando de mi experiencia con el abuso sexual infantil y de la recuperación de ello, porque quiero que tengas una voz en tu propia recuperación. Quiero que adquieras el vocabulario para expresarte. Quiero que te des cuenta de que no eres la única persona herida de esta manera. Trágicamente, el abuso sexual infantil es muy común, y más hoy en día. No estás solo.

Nunca has estado solo. Ya sea que tengas una fe personal en Dios o no, Dios ha estado, está ahora y siempre estará contigo. Él está al tanto de tus luchas. Puede que no sea Su voluntad interferir para detener esa lucha, pero Él promete que estará contigo en ella. No te servirá de nada estar enojado con Dios porque Él permitió el abuso. Nosotros no podemos entender la mente de Dios. Si lo hiciéramos, Él no sería Dios. Pero podemos confiar en que Él solo quiere cosas buenas para nosotros. Podemos tener fe en que Él tiene todo bajo control, aunque suframos. Este mundo es malvado. Dios es bueno, y el cielo es real y perfecto. Podremos ir allí algún día. Yo espero encontrarte allí.

Como he testificado en repetidas ocasiones, de la fe en Dios y de vivir la vida por medio del poder del Espíritu Santo es de donde proviene la sanación verdadera y completa. Primero, si confías en Cristo como tu salvador, encontrarás el perdón por todos tus pecados. Después, a medida que estudies la Biblia y ores por la ayuda de Dios, aprenderás la verdad que necesitas para combatir las mentiras que Satanás pone en tu mente. En el momento en que crees, te conviertes en una nueva creación; todas las viejas formas dañinas e hirientes de tu vida se van. La Biblia te enseñará cómo puedes empezar de nuevo y a tener relaciones amorosas y respetuosas.

Requerirá trabajo. Tendrás que admitir que tienes un problema. Tendrás que dejar de pensar en ser víctima y recurrir a un pensamiento restaurativo. Te recomiendo mucho que busques un consejero cristiano para las sesiones regulares de conversación y la terapia DRMO que mencioné anteriormente. Llevará tiempo, tal vez mucho tiempo. No te desanimes si el proceso es lento o cuando te encuentres repitiendo pensamientos y acciones poco saludables. Admite que tú lo estás haciendo, ora por el perdón, pídele a Dios ayuda y fuerza para comenzar de nuevo. Tú puedes hacer esto. Si Dios está contigo, nadie puede estar contra ti.

Que Dios te bendiga en tu camino. Si quieres hablar conmigo sobre cualquier cosa, ponte en contacto conmigo en mi sitio web, JoAnnMarieSpeaks.com

Una Carta a mis Lectores

Estimado lector,

Si has llegado a esta página de mi libro, es posible que te estés preguntando: ¿Alguna vez ella dejará de hablar? Y, sin embargo, creo que has llegado a esta página con un propósito especial. Quiero hablarles por última vez que fue mi creencia en mi fe en Dios que me ayudó a sobrevivir y a sanar de mi abuso sexual, y el por qué he prosperado a pesar de las muchas luchas y las pruebas de la vida.

Al principio de mi historia leíste las preguntas que hice mientras me escondía en un sótano:

- ¿Por qué los adultos no reconocen mi problema?
- ¿Por qué no se lo digo a alguien?
- ¿Por qué Dios no responde a mi oración de rescate?

Yo tenía seis años en ese sótano y no tenía la madurez ni experiencia de la vida para responderle a las primeras dos. Pero sabía que Dios escuchaba mi oración, incluso si yo no recibía la respuesta que quería. Yo creí en que Dios me amaba y que tenía el poder de ayudarme. Si le hubiera contado a un adulto de confianza sobre mi abuso, Dios lo habría usado para rescatarme. Pero no lo hice. Eso es culpa mía, no de Dios. Un año después, cuando oré para recibir a Jesucristo como mi salvador personal, comencé mi camino de fe. He aprendido acerca de Dios a través de Su Palabra, la Biblia, Su dirección en mi vida y a través de respuestas de la oración. Es importante que sepas en qué se basa mi fe.

Creo en el Único Dios Verdadero que:

- Creó todo en el universo: la tierra, los planetas, el sol, las estrellas, las galaxias, todo.
- Creó todo lo que hay en la tierra: los seres humanos, los mamíferos, los reptiles, las plantas, los minerales, el aire y el agua, todo lo que experimentamos.
- Creó a la humanidad en Su imagen, lo que significa que pensamos, nos relacionamos, creamos, sentimos, entendemos.
- Nos dio libre albedrío. Él nos permite pensar por nosotros mismos, a comportarnos de acuerdo con nuestro pensamiento y a aceptar las consecuencias de nuestras acciones. En la década de 1970 teníamos una frase algo así como: "Si amas a alguien, déjalo ir. Si regresa, es tuyo, si no, nunca lo fue". Dios nos ama lo suficiente como para dejarnos seguir nuestro propio camino, pero Él quiere que vivamos en obediencia a Su manera. Sufriremos las consecuencias si no lo hacemos.

- Él tiene un carácter omnisciente, es amoroso, misericordioso, paciente, persistente, fuerte, veraz y fiel. A diferencia de nosotros, *Él nunca* puede ser infiel a Su carácter, Él es quien es.
- Él tiene un plan maestro para nuestras vidas individuales y las vidas y el mecanismo de todo el mundo.
- Envió a su Hijo Jesucristo a la tierra, cuya muerte y resurrección es el único camino a la vida eterna.

Ahora, pregúntame: "Si Dios es 'Dios', ¿por qué permite que sucedan cosas malas?"

Es una pregunta importante, pero la respuesta es difícil de entender. Dios no *hace que* sucedan cosas malas. Su amor por nosotros hace que eso sea imposible. Él permite que las personas usen su libre albedrío para hacer cosas malas con terribles consecuencias. Todo lo que tú y yo hemos pasado ha sido una de esas consecuencias. Nuestro abusador actuó por la naturaleza pecaminosa de cada hombre desde Adán y Eva. Ellos eligieron hacer cosas malas.

Dios quiere que lo elijamos a Él. Pero a diferencia de tu abusador, Él no te obligará a nada.

A pesar del abuso infantil y otras experiencias difíciles de mi vida, siempre elegí a Dios. Creí que el mismo Dios que creó el universo me creó a mí. Él me ama. Nunca me abandonó mientras yo estaba pasando por cosas horribles. Mi fe trajo los buenos resultados de valentía, esperanza, paciencia, independencia, empatía por el sufrimiento de los demás y una mayor dependencia en Dios. Quiero que sepas que lo bueno puede salir de los malos momentos. A ti también te puede pasar.

El subtítulo de mi libro dice que he pasado de víctima a vencedora. Una víctima es alguien que elige vivir en el pasado, permitiendo que le quite su derecho a elegir un futuro diferente. Dios quiere que elijas acudir a Él en busca de fuerza para perdonar, para sanar, para ayudar a otros, para cambiar tu vida por completo. Las decisiones simples e individuales pueden darnos libertad. A partir de este momento, son tus decisiones las que te definirán.

Por favor, considera una vez más los cambios que una relación personal con Jesucristo puede producir en tu vida. Dios tiene un plan maravilloso para tu vida. Él quiere que lo conozcas ahora y que pases la eternidad con Él en el cielo después de morir.

Primero, debemos entender que todos pecamos: pensamos, hacemos o decimos cosas que no le agradan a Dios. Este pecado nos separa de Dios, y no podemos entrar en el cielo. No hay nada que hagamos en nuestro propio esfuerzo que cubra este problema del pecado: no ser buenos, hacer el bien, rituales religiosos, o cualquier otra cosa.

Dios envió a Su Hijo Jesús para cubrir nuestro problema de pecado. Él vivió una vida perfecta, murió en una cruz, resucitó de entre los muertos después de tres días y vive en el cielo. Es el sacrificio de sangre perfecto de Su muerte en la cruz lo que pagó por nuestros pecados. Y es debido al amor de Dios por nosotros que Él proveyó este plan para que pudiéramos tener una relación personal con Él.

Mientras Jesús estuvo en la tierra, dijo que podía contestar oraciones, perdonar pecados, juzgar al mundo y darnos vida eterna, Él hizo innumerables milagros para respaldar sus afirmaciones. Solo necesitamos aceptar el amor y el sacrificio de Jesús para que alcancemos todas estas promesas.

Aceptamos a Jesús por la fe. No podemos hacer nada para merecerlo. Creemos que Jesús es el Hijo de Dios. Lo invitamos a guiar y dirigir nuestras vidas.

Tú puedes recibir a Jesucristo ahora mismo. No necesitas decir una oración específica porque Dios sabe lo que hay en tu corazón. Él entiende lo que quieres hacer. No es la oración la que te salva. Pero sí te ayudará a sentirte más cómodo, aquí tienes un ejemplo de lo que podrías decirle a Dios ahora mismo.

Jesús, soy un pecador y quiero vivir de otra manera. Me arrepiento por mi vida pecaminosa. Creo que moriste en la cruz para pagar por mi pecado. Creo que regresaste de entre los muertos haciendo el camino para que yo viviera en el cielo por toda la eternidad. Acepto este regalo gratuito del perdón. Por favor, dame el poder de cambiar y convertirme en la persona que Tú quieres que sea. Amén.

Ahora que eres un seguidor de Jesucristo, un cristiano, aquí hay información para ayudarte a comenzar tu camino de fe con Jesús.

Aprende más acerca de Dios a través de la lectura de la Biblia y la oración.

- No te confundas porque la Biblia ha sido reescrita en muchas traducciones modernas. La mayoría de ellas son seguras y precisas. A lo largo de mi libro utilicé una llamada *La Biblia Viviente* (The Living Bible) para que los versículos fueran más fáciles de leer. Otra buena Biblia de estudio es la Versión Estándar en Inglés.

• Cualquiera que sea la versión que elijas, pídele a Dios que te ayude a entender lo que lees, luego vive lo que aprendas.

Asiste a una iglesia que enseñe la Biblia completa.

• Asiste regularmente.
• Pregúntales a los líderes cómo puedes participar en las actividades de la iglesia. Tú tienes dones y habilidades únicos que te convertirán en una parte importante de la congregación de la iglesia.
• Preséntate a la gente y haz, amigos. No te sientes y esperes a que los demás sean tus amigos. Así es como se comporta una víctima. Ahora eres cristiano. Tienes la victoria sobre el pecado y los hábitos pasados de tu vida.
• La gente te aceptará.

Aléjate de las personas de tu antiguo estilo de vida hasta que estés más saludable y hayas aprendido más acerca de los caminos de Dios. Entonces serás más capaz de resistir la tentación de volver a eso. Cuando estés cerca de ellos, muéstrales el amor de Dios y ellos verán los cambios que Él ha hecho en tu vida.

Recuerda, si vuelves a caer en las viejas costumbres, detente rápidamente, confiésaselo a Dios, pídele Su fuerza para comenzar de nuevo. Dios te ama y quiere lo mejor de la vida para ti. Él te ayudará.

Oro a Dios que abra tu mente y tu corazón a Su verdad en estos versículos de la Biblia. La sanación completa puede ser tuya a través de la fe en Cristo.

Jeremías 29:11-13 (NTV) 11 Pues yo sé los planes que tengo para ustedes—dice el Señor—. Son planes para lo bueno y no para lo malo, para darles un futuro y una esperanza. 12 En esos días, cuando oren, los escucharé. 13 Si me buscan de todo corazón, podrán encontrarme.

Isaías 53:6 (NTV) Todos nosotros nos hemos extraviado como ovejas; hemos dejado los caminos de Dios para seguir los nuestros. Sin embargo, el Señor puso sobre él los pecados de todos nosotros.

Romanos 3:23 (NTV) Pues todos hemos pecado; nadie puede alcanzar la meta gloriosa establecida por Dios.

Romanos 6:23 (NTV) Pues la paga que deja el pecado es la muerte, pero el regalo que Dios da es la vida eterna por medio de Cristo Jesús nuestro Señor.

Romanos 5:8 (NTV) pero Dios mostró el gran amor que nos tiene al enviar a Cristo a morir por nosotros cuando todavía éramos pecadores.

Hechos 4:12 (NTV) ¡En ningún otro hay salvación! Dios no ha dado ningún otro nombre bajo el cielo, mediante el cual podamos ser salvos.

Juan 3:16–17 (NTV) 16 »Pues Dios amó tanto al mundo que dio[a] a su único Hijo, para que todo el que crea en él no se pierda, sino que tenga vida eterna. 17 Dios no envió a su Hijo al mundo para condenar al mundo, sino para salvarlo por medio de él.

Efesios 2:4-5 (NTV) 4 Pero Dios es tan rico en misericordia y nos amó tanto 5 que, a pesar de que estábamos muertos por causa de nuestros pecados, nos dio vida cuando levantó a Cristo de los muertos. (¡Es solo por la gracia de Dios que ustedes han sido salvados!)

1 Juan 1:9 (NTV) pero si confesamos nuestros pecados a Dios, él es fiel y justo para perdonarnos nuestros pecados y limpiarnos de toda maldad.

Efesios 2:8-9 (NTV) 8 Dios los salvó por su gracia cuando creyeron. Ustedes no tienen ningún mérito en eso; es un regalo de Dios. 9 La salvación no es un premio por las cosas buenas que hayamos hecho, así que ninguno de nosotros puede jactarse de ser salvo.

Romanos 10:9–10 (NTV) 9 Si declaras abiertamente que Jesús es el Señor y crees en tu corazón que Dios lo levantó de los muertos, serás salvo. 10 Pues es por creer en tu corazón que eres hecho justo a los ojos de Dios y es por declarar abiertamente tu fe que eres salvo.

Juan 5:13–15 (NTV) 13 El hombre no lo sabía, porque Jesús había desaparecido entre la multitud; 14 pero después,

Jesús lo encontró en el templo y le dijo: «Ya estás sano; así que deja de pecar o podría sucederte algo mucho peor». 15 Entonces el hombre fue a ver a los líderes judíos y les dijo que era Jesús quien lo había sanado.

1 Timoteo 3:16 (NTV) 16 Sin duda alguna, el gran misterio de nuestra fe[a] es el siguiente: Cristo[b] fue revelado en un cuerpo humano y vindicado por el Espíritu. [c] Fue visto por ángeles y anunciado a las naciones. Fue creído en todo el mundo y llevado al cielo en gloria.

Salmos 19:7–11 (NTV) [7] Las enseñanzas del Señor son perfectas; reavivan el alma. Los decretos del Señor son confiables; hacen sabio al sencillo. [8] Los mandamientos del Señor son rectos; traen alegría al corazón. Los mandatos del Señor son claros; dan buena percepción para vivir. [9] La reverencia al Señor es pura; permanece para siempre. Las leyes del Señor son verdaderas; cada una de ellas es imparcial. [10] Son más deseables que el oro, incluso que el oro más puro. Son más dulces que la miel, incluso que la miel que gotea del panal. [11] Sirven de advertencia para tu siervo, una gran recompensa para quienes las obedecen.

Gálatas 5:16-23 (NTV) 16 Por eso les digo: dejen que el Espíritu Santo los guíe en la vida. Entonces no se dejarán llevar por los impulsos de la naturaleza pecaminosa. 17 La naturaleza pecaminosa desea hacer el mal, que es precisamente lo contrario de lo que quiere el Espíritu. Y el Espíritu nos da deseos que se oponen a lo que desea la naturaleza pecaminosa. Estas dos fuerzas luchan constantemente entre sí, entonces ustedes no son libres para llevar a cabo sus buenas intenciones, 18 pero cuando el Espíritu los guía, ya no están obligados a cumplir la ley de Moisés.

19 Cuando ustedes siguen los deseos de la naturaleza pecaminosa, los resultados son más que claros: inmoralidad sexual, impureza, pasiones sensuales, 20 idolatría, hechicería, hostilidad, peleas, celos, arrebatos de furia, ambición egoísta, discordias, divisiones, 21 envidia, borracheras, fiestas desenfrenadas y otros pecados parecidos. Permítanme repetirles lo que les dije antes: cualquiera que lleve esa clase de vida no heredará el reino de Dios.

22 En cambio, la clase de fruto que el Espíritu Santo produce en nuestra vida es: amor, alegría, paz, paciencia, gentileza, bondad, fidelidad, 23 humildad y control propio. ¡No existen leyes contra esas cosas!

Colosenses 3:12-17 (NTV) 12 Dado que Dios los eligió para que sean su pueblo santo y amado por él, ustedes tienen que vestirse de tierna compasión, bondad, humildad, gentileza y paciencia. 13 Sean comprensivos con las faltas de los demás y perdonen a todo el que los ofenda. Recuerden que el Señor los perdonó a ustedes, así que ustedes deben perdonar a otros. 14 Sobre todo, vístanse de amor, lo cual nos une a todos en perfecta armonía. 15 Y que la paz que viene de Cristo gobierne en sus corazones. Pues, como miembros de un mismo cuerpo, ustedes son llamados a vivir en paz. Y sean siempre agradecidos.

16 Que el mensaje de Cristo, con toda su riqueza, llene sus vidas. Enséñense y aconséjense unos a otros con toda la sabiduría que él da. Canten salmos e himnos y canciones espirituales a Dios con un corazón agradecido. 17 Y todo lo que hagan o digan, háganlo como representantes del Señor Jesús y den gracias a Dios Padre por medio de él.

Filipenses 2:13 (NTV) 13 Pues Dios trabaja en ustedes y les da el deseo y el poder para que hagan lo que a él le agrada.

Juan 10:27–29 (NTV) 27 Mis ovejas escuchan mi voz; yo las conozco, y ellas me siguen. 28 Les doy vida eterna, y nunca perecerán. Nadie puede quitármelas, 29 porque mi Padre me las ha dado, y él es más poderoso que todos.[a] Nadie puede quitarlas de la mano del Padre.

Isaías 41:10 (NTV) 10 No tengas miedo, porque yo estoy contigo; no te desalientes, porque yo soy tu Dios. Te daré fuerzas y te ayudaré; te sostendré con mi mano derecha victoriosa.

Deuteronomio 31:6 (NTV) 6 ¡Así que sé fuerte y valiente! No tengas miedo ni sientas pánico frente a ellos, porque el Señor tu Dios, él mismo irá delante de ti. No te fallará ni te abandonará».

Bibliografía

Batura, Paul. "Beware the Images Culture is Placing on the Minds of Our Children." *Daily Citizen*, 8 de marzo, 2022. https://dailycitizen.focusonthefamily.com/beware-the-images-culture-is-placing-on-the-minds-of-our-children/.

Dobson, James C., and Gary L. Bauer, *Children at Risk: The Battle for the Hearts and Minds of Our Kids.* Nashville: Thomas Nelson, Inc., 1990.

Ortland, Dane. *Gentle and Lowly: The Heart of Christ for Sinners and Sufferers.* Wheaton, IL: Editorial Crossway/ Good News, 2021.

Roberts, Candyce. *Help for the Fractured Soul.* Ada, MI: Editorial Chosen Books, 2012.